DIE SCHÖNSTEN REZEPTE
aus einem
ITALIENISCHEN BAUERNHAUS

DIE SCHÖNSTEN REZEPTE *aus einem* ITALIENISCHEN BAUERNHAUS

VALENTINA HARRIS

Spezialfotografie:
Linda Burgess

DUMONT BUCHVERLAG KÖLN

Für Diana in Dankbarkeit und Liebe

CIP-Titelaufnahme der Deutschen Bibliothek

Harris, Valentina:
Die schönsten Rezepte aus einem italienischen Bauernhaus/
Valentina Harris. Spezialfotogr. von Linda Burgess.
[Aus d. Engl. von »Kollektiv Druck-Reif«]. – Köln: DuMont, 1990
Einheitssacht.: Recipes from an Italian farmhouse <dt.>
ISBN 3-7701-2487-1

Mit einem Vorwort von Giuliano Bugialli

Aus dem Englischen von Kollektiv Druck-Reif

Die der Übersetzung zugrundeliegende Originalausgabe erschien
1989 bei Conran Octopus Limited, 37 Shelton Street, London WC2H 9HN.

Redaktion: Lorraine Dickey
Lektorat: Pepita Aris, Scott Ewing
Art-director: Mary Evans
Gestaltung: Christine Wood
Bildbeschaffung: Nadine Bazar
Produktion: Julia Golding
Fotoarrangement: Debbie Patterson
Kachelbemalung: Barbara Mullarney Wright
Vignetten: Penny Lovelock
Lektoratsassistenz: Elisabeth Brooks

Satz: Fotosatz Harten, Köln
Printed in Hong Kong

ISBN 3-7701-2487-1

INHALT

VORWORT

In ihrem Buch hat Valentina Harris Bauernhäuser aus verschiedenen Gegenden Italiens zu einem einzigen typischen Hof zusammengefügt, in dem man rustikale Gerichte von der ganzen Halbinsel kocht. Die Minestroni in diesem Bauernhaus können aus der Lombardei, aus Ligurien oder der Emilia Romagna stammen; die Fleischgerichte aus Sizilien, Siena oder den Abruzzen – alle haben Tradition und werden zusätzlich durch eine persönliche Note bereichert. Obwohl ich aus der Toskana stamme, hatte ich noch nie von Florentiner Castagnaccio gehört, der mit Kümmel gewürzt wird. Aber als ich ihn hier entdeckte, wollte ich ihn unbedingt sofort probieren.

Für Kinder gibt es sicher nichts Schöneres, als auf einem italienischen Bauernhof oder in einem italienischen Landhaus aufzuwachsen; ich selbst habe einen Teil meiner Kindheit auf dem Land verbracht und finde es sehr schade, daß heute nur noch so wenige Menschen diese Erfahrung machen können. Als ich das Buch von Valentina Harris las, sind alte Erinnerungen in mir aufgestiegen, und ich bin sicher, daß dieses Buch bei vielen Menschen Erinnerungen an ein Leben wecken wird, das sie selbst erlebt haben oder von dem sie lange geträumt haben. Die Maismehl- und Reiskuchen, die wir in den Ferien gebacken haben, die herzhaften Bohnensuppen, die Frittate – alles findet sich hier wieder.

Als in Italien noch viele Menschen auf Bauernhöfen lebten, gab es eine riesige Fülle von Rezepten. Manche Gerichte wurden nur zu bestimmten Jahreszeiten zubereitet, andere nur einmal im Jahr an einem besonderen Festtag. Heutzutage gehen wir mit diesen Gerichten freier um, wir können uns jederzeit an ihnen erfreuen, unabhängig von der Jahreszeit, in die sie ursprünglich gehört haben. Auch wenn wir dabei etwas an Feierlichkeit verloren haben, so haben wir doch an Freiheit gewonnen: Wir können unsere Lieblingsgerichte genießen, wann immer wir wollen – und nicht nur an Weihnachten oder Ostern. Viele Süßspeisen in diesem Buch waren früher mit ganz bestimmten Feiertagen verbunden; aber hier findet man sie wieder, und heute können wir sie essen, wann wir mögen.

Was das Essen angeht, hat Italien lange Zeit eine Art umgekehrten Snobismus gepflegt. Ländliche Gerichte, oft bewundernd »la cucina povera« (Arme-Leute-Küche) genannt, wurden von Mitgliedern des Adels verzehrt, die sich mit Vorliebe, wie einige Figuren bei Proust, als »ländliche Gesellschaft« dargestellt haben. Auch in den Städten, in Florenz, Venedig und Rom, sprach man begeistert von der »ursprünglichen« Ernährung auf dem Lande. Aber glücklicherweise handelt es sich hier – umgekehrt oder nicht – nicht nur um Snobismus, denn die ländliche Küche hat schon vor langer Zeit bewiesen, daß sie immer noch äußerst sättigend und genußvoll ist. Selbst diejenigen, die eine sehr verfeinerte Küche, »alta cucina«, vorziehen, und auch diese findet man in Italien häufig, haben die rustikalen Leckerbissen in ihre Speisekarten aufgenommen. Und während die »alta cucina«, die sich aus der höfischen Küche entwickelt hat, von Region zu Region nur wenig variiert, hat die Volksküche so viele Varianten wie die Sprache Dialekte.

In diesem besonderen Buch, das gleichzeitig traditionell geprägt und doch auch sehr persönlich gehalten ist, macht uns Valentina Harris liebevoll vertraut mit dem Reich der ländlichen Küche, das wir unbedingt bewahren müssen, denn es beginnt allmählich genauso zu verblassen wie die Lebensweise, aus der es entstanden ist. Dieses Buch kann uns helfen, den Geist dieser Kochkunst lebendig zu halten. Hier finden wir Suppen, Pasta, Reisgerichte, eine große Auswahl von Hauptgerichten: Fleisch, Fisch, Eier, und eine Vielzahl von Desserts. Diese Rezepte zeigen auf eindrucksvolle Weise die vielfältigen Traditionen unseres Landes und seiner »cucina«.

Giuliano Bugialli

ZUTATEN

Die Gerichte in diesem Buch stammen aus der rustikalen, einfachen Volksküche Italiens. Die meisten Rezepte sind klassische, traditionelle Familienrezepte und stark nostalgisch angehaucht. Die italienische Küche hat ihre Wurzeln im armen Kleinbauerntum, und die Gerichte sind von diesen Lebensumständen geprägt.

Natürlich habe ich die ursprünglichen Rezepte an die Bedürfnisse der modernen Küche angepaßt. Heutzutage verfügt kaum noch jemand über Kücheneinrichtungen, wie sie die Erfinder dieser Rezepte hatten, ein offenes Holzfeuer beispielsweise, wo man die Gerichte in einem geschlossenen Topf fast einen Tag oder eine Nacht lang ganz allmählich garen lassen konnte. Obwohl die Rezepte unter denkbar einfachen Lebensumständen entstanden sind, stellen sie doch in ihrer Schlichtheit das Beste vor, was die Natur zu bieten hat. Wenn man die Anleitungen befolgt, nur ganz frische Kräuter und das beste Olivenöl verwendet und sich zum Kochen Zeit nimmt, kann man den ursprünglichen Geschmack dieser Gerichte auch heute noch genießen.

Welten liegen zwischen dem Geschmack von Gemüse, das in kleinen Mengen angebaut und noch nach alter Sitte reichlich mit organischem Dünger versorgt wird, wie es auf italienischen Bauernhöfen üblich ist, und dem Geschmack von aufwendig in Plastik verpacktem Gemüse aus Massenproduktion. Auch nationale Unterschiede müssen in Betracht gezogen werden – so schmecken einheimische Tomaten beispielsweise weit weniger intensiv als ihre italienischen Verwandten, und man muß eventuell mit Tomatenmark nachhelfen. Aber auch das gehört zum Geist der Bauernküche, die von Spontanität und Einfallsreichtum lebt.

An dieser Stelle muß betont werden, daß es keine einheitliche »italienische« Küche gibt: Die Küche meines Landes ist regional ganz und gar unterschiedlich. Was im schneereichen Friaul schmeckt, wird im hochmütigen Kalabrien in der Glut des Südens ziemlich sicher verächtlich verschmäht. In diesem Buch habe ich Gerichte aus den verschiedensten Gegenden des italienischen »Stiefels« aufgenommen, auch von den Inseln, um zu zeigen, wie sehr Rezepte von ihrem Ursprungsort geprägt werden. Dabei wurde allerdings nicht streng nach regionalen Kriterien vorgegangen, sondern im Wechsel von Nord nach Süd und von Ost nach West. Alle Rezepte verraten eine ausgesprochene Schlichtheit und viel Phantasie im Umgang mit nur wenigen Zutaten, und gerade das hat sie so beliebt gemacht.

Mahlzeiten sind in Italien Festessen, ein ganz besonderes Ritual, zu dem sich die ganze Familie versammelt. Immer wird dabei auch ein Platz für einen unerwarteten Besucher freigehalten. Die Gerichte sollen nicht beeindrucken, sie gehören zum wirklichen Alltag und lassen sich leicht zubereiten. Ich habe keine Zeit für penible Zubereitungen, bei denen jede Zutat mit chemischer Genauigkeit abgewogen werden muß – für mich ist Kochen in erster Linie eine intuitive Angelegenheit. Mit ein wenig Sorgfalt und Liebe koche ich gerne Gerichte, die ursprünglich aus purer Notwendigkeit entstanden sind: Hunger und einfachste Zutaten. Und doch schmecken sie heute noch genausogut wie damals; Essen, das Körper und Seele satt macht und kein tiefes Loch in den Geldbeutel reißt. Vielleicht ist es auch an der Zeit, daß wir alle langsam unsere Kochgewohnheiten ändern, hin zu einer Küche, die so einfach und natürlich ist wie die Felder und das Meer. Aus all diesen Gründen freue ich mich, Ihnen diese Seite meines Landes vorstellen zu dürfen, die ich so liebe.

BUON APPETITO!

Valentina Harris

KÄSE

Jahrhundertelang war Käse ein Grundnahrungsmittel an den Tischen der Ärmsten. In Italien ist man stolz darauf, sogar Frankreich in der Vielfalt der Käsesorten zu übertreffen. Viele Käsesorten werden noch immer mit der Hand hergestellt – der Geschmack verrät, woher der Käse stammt. Viele exzellente Käsesorten werden exportiert, und man kann sie problemlos in Delikatessengeschäften und Supermärkten bekommen.

PARMESAN

Parmigiano reggiano, der in der Emilia Romagna hergestellt wird, ist der berühmteste der Grana-Käse, die, wenn sie reifen, sehr körnig und hart werden. Deshalb werden sie meist gerieben verwendet. Grana padano ist ein sehr ähnlicher Käse, der aus der Lombardei kommt und bei dem der Name mehrmals auf die harte Rinde gestempelt wird.

Parmesan ist eine der ältesten italienischen Käsesorten. Er ist auch der größte und lagert am längsten. Aus entrahmter Kuhmilch, wird er als großes Rad geformt – der ganze Käse wiegt zum Schluß mindestens 52 Pfund. In der Regel ist der Käse um so teurer, je älter er ist. Parmigiano stravecchio ist mindestens 2 Jahre alt. Parmesan ist so hart, daß er mit einem keilförmigen Messer in ungleichmäßige, grobe Stücke eher gesplittet als geschnitten wird. Es ist besser, frisch geschnittene Stücke zu kaufen als bereits geriebenen Käse, denn diesem fehlt der typische leichte Ananasgeschmack. Junger Parmesan schmeckt köstlich, wenn er in großen Stücken zusammen mit jungem Gemüse gegessen wird, aber er ist auch als Geschmackszutat beliebt. Man sollte ihn kurz vor dem Essen über ein Gericht streuen. Ein guter Parmesan hat eine körnige, gleichmäßige Struktur.

PECORINO

Pecorino ist ein sehr würziger Schafsmilchkäse, der in allen Provinzen in der Mitte und im Süden Italiens hergestellt wird. Er reift schneller als Parmesan – in etwa 8 Monaten wird er hart –, deshalb ist er in Italien der billigere Käse. Er wird gerieben und zum Kochen verwendet.

Pecorino romano ist beliebt wegen seines pfeffrigen Geschmacks, wohingegen der sardische Pecorino etwas schärfer schmeckt. Diese Käse wiegen 3–8 Pfund und haben eine typische Form, sie sind auf der Seite ausgebeult: Die Italiener nennen das »Höcker«. Das Innere ist immer fest und strohgelb, während die Rinde das Alter anzeigt – gelblich, wenn der Käse jung ist, und rötlich-schwarz bei einem älteren Käse.

PROVOLONE UND CACIOCAVALLO

Provolone, ein bekannter Käse aus Süditalien, ist in vielen Formen erhältlich, die von den Seilen bestimmt werden, in die er eingeschnürt wird. Die häufigste Form ist groß und eiförmig, davon leitet sich auch der Name ab.

Provolone ist ein Pasta-filata-Käse, was bedeutet, daß die Weichkäse in langen Streifen ausgelegt und dann in Lagen gebündelt werden. Er sollte weiß oder hellgelb sein, und wenn er reift, entwickelt er meist Löcher. Den Provolone gibt es in drei Sorten: mild (dolce), pikant (piccante) und geräuchert (affumicato).

Ähnlich hergestellt wird Caciocavallo, der paarweise wie Satteltaschen zusammengebunden wird, was seinen italienischen Namen erklärt (»a cavallo« bedeutet »auf dem Pferderücken«). Er wird in warmem Wasser geknetet und mit der Hand geformt.

STRACCHINO

Stracchino ist der Sammelbegriff für die verschiedenen Sommerkäse aus Kuhmilch, die in Norditalien (besonders in der Lombardei und im Piemont) hergestellt werden. Man verwendet dazu immer Milch aus zwei Melkungen und erhält halbweiche empfindliche Käse, die sehr schnell reifen.

Crescenza hat keine Rinde, seine weichere Variante ist etwas feucht und wird in Papier gewickelt verkauft. Gorgonzola ist ein Crescenza, der gereift ist und Blauschimmel entwickelt hat. Er wird über Gerichten geschmolzen oder überbacken serviert.

Der viereckige Taleggio ist der wohl bekannteste und auch traditionsreichste Weichkäse. Er hat eine weiche, rosige Rinde und schmeckt ausgereifter als Crescenza.

MOZZARELLA

Mozzarella stammt aus Kampanien, wo man im 16. Jahrhundert Wasserbüffel eingeführt hat. Büffelmilchkäse werden noch immer exportiert, aber sie sind immer seltener geworden, selbst in Italien. Gewöhnlich findet man Mozzarella aus Kuhmilch. Er ist ein frischer, feuchter Käse mit niedrigem Fettgehalt, der in der Molke verkauft wird. Er ist ein Pasta-filata-Käse, der aus langen Weichkäse-Streifen hergestellt wird, die in kleine Stücke geschnitten und einzeln verpackt werden – »mozzata« bedeutet »geschnitten«. Die Standardgrößen sind 110–140 g und 200–250 g.

Mozzarella ist in Italien äußerst beliebt und gehört immer zur Pizza, denn er hat die Eigenschaft, andere Zutaten zu verbinden, wenn er schmilzt.

RICOTTA

Ein weicher, sahnig aussehender, frischer Schafsmilchkäse, der aus Molke gemacht wird und einen niedrigen Fettgehalt hat. Man kann Ricotta an den Abdrücken erkennen, die der Korb hinterlassen hat, in dem er abgetropft ist. Er krümelt etwas und hat einen erstaunlich intensiven, aber sanften Geschmack, der durch Kochen verstärkt wird.

Am liebsten wird er für Pastafüllungen und Käsekuchen verwendet. Man kann ihn gut durch eine Mischung ersetzen, die zu gleichen Teilen aus Frischkäse und Hüttenkäse besteht.

SALUMI

»Salumi« bedeutet »haltbar gemachtes Fleisch« – es entspricht der französischen »charcuterie« – und bezeichnet Fleischprodukte, die in Scheiben geschnitten verzehrt werden. Es gibt in Italien beinahe so viele Sorten von haltbar gemachtem Fleisch wie Käsesorten. Die meisten davon, wie Schinken oder Salami, halten sich lange. Aber einige, wie Coppa Senese, für die ich ein Rezept aufgenommen habe, und Cotechino, die unten beschrieben ist, sollten, auch wenn sie haltbar gemacht sind, an einem kühlen Ort aufbewahrt und innerhalb von 3 Tagen gegessen werden.

SCHINKEN

Schinken ist »prosciutto«, und obwohl in Italien auch gekochter Schinken hergestellt wird, der »prosciutto cotto« heißt, ist der rohe Schinken so berühmt, daß man mit dem Wort selbst rohen Schinken meint. Prosciutto wird eingesalzen und dann an der Luft getrocknet. Zum Essen wird er so dünn wie möglich in Scheiben geschnitten, zum Kochen kann er auch gewürfelt werden.

Parmaschinken – möglicherweise der berühmteste Schinken überhaupt – ist der bekannteste Prosciutto crudo und schmeckt leicht süßlich. San-Daniele-Schinken ist weniger süß und auch magerer. Der Reifeprozeß dauert lange, das Fleisch ist von bester Qualität und daher immer teurer, besonders, wenn es vom Knochen geschnitten wird.

BACON

Pancetta ist eingesalzener, roher Schweinebauch, das gleiche Stück wie Bacon. Pancetta arrotolata ist im Ausland am bekanntesten, er ist wie eine lange Wurst geformt, wobei die fette Fleischseite außen liegt und die magere innen. Mancher Pancetta ist auch geräuchert – affumicata. Pancetta bildet die Grundlage für viele italienische Gerichte, in Würfel geschnitten wird er mit Zwiebeln und manchmal auch anderen Gemüsen und Kräutern angebraten, bis die Zwiebeln weich sind. Diese Mischung wird so häufig verwendet, daß dieses »soffrito« in italienischen Kochbüchern oft direkt auf der Liste der Zutaten erscheint.

Fetter Bacon oder in Würfel geschnittenes Fett, das vom Schinken geschnitten wurde, kann als Ersatz verwendet werden (auch wenn Bacon manchmal Wasser enthält, was bei Pancetta niemals der Fall ist).

Guanciale, Schweinebacke, ist eine Spezialität aus Latium, der Gegend um Rom. Das Fleisch wird eingesalzen und wie Bacon getrocknet. Durch Bacon kann er auch in der Regel ersetzt werden.

SALAMI

Diese haltbaren Würste werden im ganzen Land hergestellt, und es gibt zahllose unterschiedliche regionale Varianten. Die festen, rötlichen Sorten mit Flecken aus weißen Fettstückchen kennt jeder, aber in einigen Teilen Italiens ist das Fleisch der Salami weich und wird in Töpfen, mit Fett bedeckt, aufbewahrt. Feste Salami hält sich gut, wenn sie aufgehängt gelagert wird, aber sie sollte nach dem Anschneiden möglichst bald gegessen werden.

Die berühmte Mortadella aus Bologna wird oft nachgeahmt. Man sagt, sie habe ihren Namen von dem Mörser, in dem die Zutaten zerkleinert werden. Das rosafarbene, magere Fleisch ist fein gehackt, mit Pfefferkörnern und Knoblauch gewürzt und mit weißen Fettstreifen durchsetzt, die sich durch die ganze Wurst ziehen. Große Mortadelle können bis zu 40 cm Durchmesser haben und sind entsprechend lang.

Mailänder Salami ist vielleicht die beliebteste Wurst außerhalb Italiens. Ihre Struktur ist fein, und manche Sorten enthalten sowohl Rindfleisch als auch Schweinefleisch. Die Würste sind um so intensiver gewürzt, je weiter südlich man kommt – Salami di Napoli enthält sogar Chili. Cacciatore ist eine ziemlich harte, kleine Wurst, die man im Ganzen kauft. Eine der großen Würste ist Finocchiona, deren Namen auf den wilden Fenchel verweist, mit dem sie gewürzt ist.

In Italien sollte man nach Casalingo Ausschau halten, einer Salamiart, die auf dem Bauernhof hergestellt wird. Meist ist sie gröber als maschinell hergestellte Salami. Einige Sorten werden auch im Ausland unter ihrem regionalen Namen verkauft.

COTECHINO

Cotechino ist eine Schweinskochwurst, die bald nach dem Kauf verzehrt werden sollte. Sie enthält mageres Fleisch vom Kopf und Hals des Schweins, ist gut gewürzt, aber die wichtigste Zutat sind gehackte, eingesalzene Speckschwarten. Bei langsamem Kochen wird das Fett geleeartig und läuft aus, wenn die Wurst angeschnitten wird. Deshalb wird sie immer mit Linsen, gekochten Kartoffeln oder Bohnen serviert, die das Fett aufsaugen können.

Vor dem Kochen sticht man die Wurst an mehreren Stellen mit einer Gabel an, wickelt sie in ein Tuch und kocht sie 2–3 Stunden. Cotechino cotto ist vorgekocht und wird im Kochbeutel verkauft. Sie hält sich sehr lange und braucht dann nur 20 Minuten gekocht zu werden.

FETTE

Die Verwendung von Butter war früher auf die Lombardei beschränkt, auf das Gebiet nahe der französischen Grenze. Traditionell benutzt man zum Kochen Schweineschmalz, besonders in den Gegenden Italiens, in denen keine Olivenbäume wachsen.

Es wird als eingesalzenes Schweinefett, »lardo«, verkauft, das sich gut hält, oder ausgelassen als »strutto«. Heutzutage, wo jeder sehr cholesterinbewußt lebt, wird es meist durch Oliven- oder Sonnenblumenöl ersetzt.

Olivenöl ist die Grundlage der südlichen Bauernküche. Es enthält auch relativ wenig Cholesterin. Seine Heimat ist der Süden, und je weiter man nach Süden kommt, desto reichhaltiger und intensiver wird es.

Bei Olivenöl gibt es vier Qualitätsstufen: Die zweite Pressung ist nicht weiter erwähnenswert – das Öl wurde früher für Straßenlaternen verwendet! »Jungfernöl«, »olio vergine«, gewinnt man aus der ersten Pressung. Es eignet sich gut für die Rezepte in diesem Buch.

Das grünliche, dickflüssige und fruchtige Extra vergine-Öl paßt am besten zu Salaten. Superfino-Öl ist die Spitzenklasse und kann preismäßig mit Weinpreisen konkurrieren – es ist eine Spezialität für Festtage!

GRUND-NAHRUNGSMITTEL

Neben den in nordeuropäischen Ländern so beliebten Grundnahrungsmitteln Kartoffeln und Brot kennt die italienische Küche zahlreiche andere kohlehydratreiche Nahrungsmittel.

PASTA

Pasta gibt es in unendlich vielen Formen, aber die Zutaten sind immer ganz einfach – Mehl und Wasser, manchmal noch durch Öl ergänzt. Getrocknete Pasta wird aus Hartweizen hergestellt – der festesten Sorte –, und daher ist sie besonders nahrhaft. Nur eine traditionelle Pastasorte – »bigoli« – wird aus Weizenvollkornmehl gemacht. Hausgemachte Pasta macht man immer aus gewöhnlichem Mehl, denn so läßt sie sich leichter sehr dünn ausrollen. Manchmal reichert man die Pasta noch mit Eiern an, dann heißt sie Pasta al'uovo. Eine alte Bauernregel lautete: Ein Ei pro Person, was für den heutigen Geschmack sicher zuviel ist!

In vielen italienischen Städten und jetzt auch in italienischen Delikatessenläden im Ausland kann man täglich frisch zubereitete Pasta kaufen. Aber mit ein wenig Geschick ist es ganz leicht, sie selbst zu machen. Bei allen Pastarezepten in diesem Buch wird erklärt, wie man die Pasta selbst herstellt – weil dies die klassische Zubereitungsform ist und auch weil sie leichter wird und köstlich schmeckt (die meisten Pastazrepte in diesem Buch können allerdings auch mit getrockneter Pasta zubereitet werden).

Obwohl man Pasta immer für ein typisches italienisches Gericht hält, ist sie doch vor allem in Süditalien verbreitet, wo Pasta seit mehr als zwei Jahrhunderten die Nahrung der Armen ist.

Das Geheimnis beim Pastakochen sind ein sehr großer Topf und genügend kochendes Wasser. Die Pasta muß unbedingt rechtzeitig abgegossen und serviert werden – und sie sollte noch bißfest sein. Es gibt drei Hauptmöglichkeiten, Pasta zuzubereiten. Bei Pasta asciutta wird einfache Pasta mit einer Sauce angerichtet. Unter Pasta in brodo versteht man eine sehr gute, einfache Pasta oder delikat gefüllte Teigtaschen, die einige Minuten in Brühe gekocht werden. Pasta al forno (»im Ofen«) wird schichtweise in einer Sauce gebacken.

KUSKUS

Kuskus wurde vor langer Zeit von den Arabern in Italien eingeführt und wird wie Pasta aus Hartweizen gemacht. Sizilianische Bauern bereiten ihn auf die klassische Art aus zwei Sorten Weizengrieß zu. Man kann auch getrockneten nordafrikanischen Kuskus kaufen, der allerdings genauso lange über Wasserdampf gegart werden muß. Am einfachsten ist der Instant-Kuskus: 500 g werden in 2½ Tassen Wasser 10 Minuten eingeweicht. Dann sollte er bei niedriger Hitze aufgesetzt werden. Unter ständigem Rühren wird zusätzlich Brühe hineingegossen.

REIS

Was Pasta für den Süden ist, bedeutet der Reis für die norditalienische Küche. Er wurde von den Sarazenen eingeführt und wird seit dem 14. Jahrhundert in der Lombardei angebaut. Spanische Herrscher brachten schließlich die Paella, aus der sich das berühmteste Reisgericht Italiens, der Risotto, entwickelte. Für Risotto ist die große, rundkörnige Reissorte, die im Piemont, in der Lombardei und in Venetien wächst, unentbehrlich.

Italienischer Reis wird in vier Güteklassen unterteilt, aber »fino« und »superfino« sind für Risotto am besten geeignet, denn sie behalten ihre Form und Festigkeit auch bei langem Kochen. »Arborio superfino« wird außerhalb Italiens häufig verkauft, die Sorten »vialone«, »roma« und »carnaroli« findet man dagegen nur selten. Rundkornreis, »ordinario«, ist der beste Reis für Süßspeisen.

Die amerikanischen Langkorn-Reissorten können zwar für Risotto verwendet werden, aber das Ergebnis wird anders ausfallen, da sie vorgewaschen werden, um das Kleben der Körner nach dem Kochen zu verhindern. In einem richtigen Risotto wird durch Rühren die Stärke aus dem Reis gelöst, und die Körner verbinden sich.

POLENTA

Polenta ist der italienische Name sowohl für das Mehl, das wir als Maismehl kennen, als auch für das Gericht, das man daraus zubereitet. Getrockneter Mais wird zu grobem, mittelgrobem oder feinem Mehl zermahlen. Es kann gelb oder weiß sein – die weiße Variante wird zu Fischgerichten vorgezogen. Drei Jahrhunderte lang diente Polenta in großen Teilen der Lombardei und in ganz Nordvenetien als Grundnahrungsmittel.

Für Polenta wird das Maismehl in kochendes Salzwasser eingestreut und über niedriger Hitze gerührt, bis sich ein dicker Brei bildet. Die benötigte Wassermenge ist auf der Packung angegeben, sie hängt von der Sorte ab, aber normalerweise benötigt man für 450 g etwa 7½ Tassen Wasser. Normalerweise ist sie nach 30–40 Minuten fertig, aber auch das ist von der jeweiligen Sorte abhängig. Billige Polentasorten, die offen verkauft werden, brauchen länger. Die Konsistenz ist richtig, wenn die Polenta am Löffel klebt und sich vom Topfrand löst. In Norditalien verwendet man für die Zubereitung von Polenta gewöhnlich einen speziellen Topf, der nicht beschichtet ist.

Die Polenta kann man entweder sofort servieren oder stehenlassen und später in Scheiben schneiden. Die Scheiben können wie Lasagne gebacken oder als Beilage einfach gebraten werden. Polenta kann auch in Form von flachen Kuchen serviert werden.

BROT

Viele italienische Rezepte verwenden Brot als Grundlage. Suppen werden über Brotscheiben gegossen, geriebenes Brot verwendet man für Füllungen, und aus Brotresten und kandierten Früchten kann man eine köstliche Süßspeise herstellen.

Crostini sind Toasts, die als Vorspeise dienen, während Bruschetta als Beilage serviert wird. Sie werden aus Scheiben von grobem Weißbrot gemacht, die im Ofen – oder auf dem Holzkohlengrill – goldbraun geröstet werden. Dann werden sie mit Knoblauch bestrichen und mit etwas Olivenöl eingepinselt. Pizza, die auch nur ein einfacher Brotteig ist, der mit einem würzigen Belag gebacken wird, ist der Stolz des Südens.

HÜLSENFRÜCHTE, GETREIDE, NÜSSE

Hülsenfrüchte und alle Arten getrocknetes Gemüse bilden in armen Gegenden die Grundlage der Winterküche.

BOHNEN

Seit Jahrhunderten versorgen »fagioli«, getrocknete Bohnen, die Bauern mit lebenswichtigen Proteinen. Frische Bohnen enthalten auch Vitamine und werden wegen ihres Wohlgeschmacks vorgezogen, aber die getrockneten lassen sich problemlos als Vorrat für den Winter halten.

Früher wurden Bohnen über Nacht mit Soda eingeweicht, doch heute zieht man es vor, die Bohnen nur mit reichlich kochendem Wasser zu bedecken und eine Stunde lang einzuweichen.

Getrocknete Bohnen müssen immer erst zum Kochen gebracht und einige Minuten lang bei großer Hitze aufgekocht werden, bevor man sie köcheln läßt, denn man hat entdeckt, daß besonders rote Bohnen ein schädliches Enzym enthalten, das bei niedrigen Temperaturen nicht zerstört wird. Die heutigen Bohnensorten, die etwas schneller weich werden als die alten, brauchen etwa eine bis 1½ Stunden. Salz sollte man erst nach dem Kochen zugeben, denn es macht die Bohnen hart. Heutzutage rechnet man für eine Gemüsesuppe pro Person etwa 50 g Bohnen; bei einem echten Bauerngericht würde man die doppelte Menge nehmen.

Borlotti-Bohnen sind die bekannteste Bohnensorte. Die Kerne sind immer rotgefleckt, und ihre Grundfarbe ist Rosa bis Dunkelrot. Sie werden oft mit einem Schinkenknochen oder etwas Schweinebauch gekocht. Die hübschen weißen Cannellini-Bohnen (sie sind auf Seite 32 abgebildet) sind eine Spezialität der Toskana. Sie können klein oder groß sein, sind aber immer länglich – man kann sie durch grüne Bohnen ersetzen. Grundsätzlich können bei den Rezepten die verschiedenen Arten von getrockneten Bohnen gegeneinander ausgetauscht werden.

Allerdings bilden getrocknete dicke Bohnen, »fava«, wegen ihrer harten Haut eine Ausnahme bei dieser Regel. Sie sind ein wichtiges Nahrungsmittel für den ärmeren Süden Italiens.

KICHERERBSEN

»Ceci« werden in Italien in dicken Suppen und sogar für Pasta-Saucen verwendet. Sie werden oft mit Schweinefett zusammen gekocht, denn ihre mehlige Konsistenz bildet dafür eine ausgezeichnete Grundlage. Eines der ältesten Beispiele dafür ist Ceci con la zampina di maiale (Seite 70).

Weichen Sie Kichererbsen wie Hülsenfrüchte ein. Die Kochzeiten variieren sehr stark je nach Sorte, von 30 Minuten bis über eine Stunde. Erstaunlicherweise benötigen die größeren Sorten eine kürzere Kochzeit, denn sie stammen aus verbesserten, modernen Züchtungen.

MAIS

Mais wurde im 17. Jahrhundert eingeführt und ist unter dem Namen »granturco«, »türkisches Korn«, bekannt. Zu Polenta zermahlen ist er ein Grundnahrungsmittel, während getrockneter Mais auch für Eintöpfe verwendet wurde.

Heute wird getrockneter Mais vor allem als Hühnerfutter verwendet oder zu Popcorn verarbeitet. Diese Sorte eignet sich jedoch nicht für traditionelle Rezepte, ich habe daher getrockneten Mais durch frische Maiskörner ersetzt.

NÜSSE

Die Walnuß, »noce«, wächst im ganzen Land, auch wenn sie hauptsächlich im Norden zum Kochen verwendet wird. Die traditionellen Walnußsaucen, oft mit Brot gemacht, werden heute meist als Füllungen verwendet.

Mandeln, »mandorle«, dienen als Füllungen und als Basis für dicke Saucen und Suppen. Die Verwendung von Mandeln für Süßspeisen, die oft sehr süß sind, ist ein Erbe aus der Küche des östlichen Mittelmeers.

KASTANIEN

Kastanien, »castagne«, waren früher ein Hauptnahrungsmittel in Norditalien, wo man sie daher auch heute noch in verschiedenen Gerichten findet. Sie wurden auch getrocknet und zu Mehl zermahlen und waren so ein Vorläufer der Polenta. Heute wird Kastanienmehl für Kuchen, etwa Castagnaccio, verwendet. Gute italienische Delikatessengeschäfte haben es im Winter und im Frühjahr vorrätig, da es sich nicht sehr lange hält. Man kann es herstellen, indem man die getrockneten Kastanien mahlt und dann das Ergebnis durchsiebt.

PINIENKERNE

Pinienkerne, »pinoli« oder »pignoli«, werden aus den riesigen Zapfen der Schirmpinie gewonnen. Diese schmalen, cremefarbenen kleinen Nußkerne haben einen einzigartigen Geschmack, zunächst leicht aromatisch, dann plötzlich herb und intensiv.

FLEISCH, GEFLÜGEL UND WILD

In ärmeren Haushalten kann man sich frisches Fleisch meist nicht leisten. Höhepunkt des Jahres ist das Schweineschlachten im Herbst, nach dem es für kurze Zeit frisches »maiale« (Schweinefleisch) und zahlreiche Würste für die Vorratskammer gibt. Gewürzte frische Würste, »salsicce«, sind sehr beliebt.

»Manzo«, Rindfleisch, wird eher im Norden als im Süden des Landes gegessen. Die Stücke von Kalb und Rind, die sich nur zum Kochen eignen, kommen in einen großen Topf und köcheln in der Kohlenglut langsam vor sich hin. Mit besseren Stücken geht man sehr sorgfältig um, man bereitet sie zum Beispiel mit einer Sauce zu.

Lämmer werden oft zu Beginn des Sommers geschlachtet. Ich habe eine Reihe von Schäferrezepten aufgenommen, von denen einige auch die teueren Stücke des Lamms verwenden.

INNEREIEN

Bitte überspringen Sie diesen Teil nicht. Heute werden Innereien häufig nur als Nahrungsmittel betrachtet, die die Armen aus reiner Not verzehrt haben – was auch stimmt – und die man getrost vergessen kann. Doch das wäre falsch. Viele Innereien und Extremitäten haben eine besondere Qualität oder Konsistenz, die sie noch immer zu echten Delikatessen macht. Das klassische Rezept für Kalbskopf beispielsweise entschädigt reichlich für die Schwierigkeiten, die man bei der Suche nach dem Fleisch hat.

Italien ist mit Recht stolz auf seine »fegato«, seine Gerichte aus Leber. Die toskanische Küche kennt köstliche Rezepte für Schweineleber und auch für Hühnerlebern, die dort besonders groß sind. Am schmackhaftesten ist jedoch Kalbsleber, die eine besonders feine Struktur aufweist. Bries, »animelle«, ist sehr viel weniger bekannt, aber es wird wegen seiner weißen Farbe und seiner Zartheit gelobt. Jedes Tier hat zwei dieser Drüsen, eine am Hals und eine näher am Herzen, und beide werden gewöhnlich zusammen verkauft. Ziehen Sie die Haut ab, wässern Sie das Bries drei Stunden in kaltem Wasser und blanchieren Sie es dann.

Kutteln, »trippa«, stammen aus dem Vormagen des Rindes. Da Rinder mehrere Mägen haben, gibt es verschiedene Sorten, die besten sind die des Netzmagens.

Kaufen Sie möglichst Kalbskutteln, es kann jedoch sein, daß die einzigen Kutteln, die Sie finden können, von einem älteren Tier stammen. Sie müssen blanchiert und abgeschabt werden und benötigen eine sehr viel längere Kochzeit. Allerdings werden die Kutteln manchmal bereits vorbereitet verkauft und können dann nach den Rezepten für ein jüngeres Tier zubereitet werden.

Schweinsfüße, »zampone«, waren sehr beliebt, weil die Schwarte sich bei langem Kochen in geleeartiges Fleisch verwandelte. Sie werden traditionell mit Hülsenfrüchten oder Kichererbsen gekocht.

HUHN

»Pollo«, das im Hof gehaltene Haushuhn, hat sich sein Futter selbst zusammengekratzt oder wurde mit dem gleichen getrockneten Mais gefüttert, den auch die arme Bauernfamilie aß. Kaufen Sie ein freilaufendes oder maisgefüttertes Huhn. Letzteres hat eine gelbliche Farbe und ist daran leicht zu erkennen.

WILD

Wildkaninchen, »coniglio«, die gefangen werden, nachdem sie »erbe odorose«, wilde Kräuter, gefressen haben, schmecken viel besser als unsere Stallhasen – ihr weißes Fleisch ist sehr gut. Hase, »lepre«, ist in Norditalien und in der Toskana sehr beliebt, mein Rezept dafür stammt allerdings aus dem Süden. Die Italiener waren schon immer begeisterte Jäger, wie das Krachen der Gewehrschüsse während der Saison beweist. Fasanen, Enten und Singvögel – alle werden erlegt. Mein Rezept für Taube am Spieß steht für die Tradition, Wild im Freien zu braten.

FISCH

Die lange Küstenlinie Italiens bedeutet eine hervorragende Versorgung mit Seefisch, während Fluß- und Süßwasserfische nur in regionalen Rezepten vorkommen. Die Zubereitungsarten sind einfach, Fisch wird für gewöhnlich mariniert und dann gegrillt oder gebacken. Generell kocht man in Italien die Fische ganz, mit Kopf und Schwanz, um den Geschmack zu erhalten, auch wenn ein großer Fisch wie Steinbutt nicht in einem Stück gekocht wird. Natürlich gibt es auch herrliche Fischsuppen.

HECHT

Hecht, »luccio«, wird in den Bergseen Nord- und Mittelitaliens gefangen. Dieser schlanke Jäger mit dem häßlichen Maul besteht aus zahlreichen kleinen Gräten, die in Fleisch eingebettet sind. Aus diesem Grund serviert man in den edleren Rezepten Hecht entgrätet und püriert. Mein Rezept ist alt – der »luccio« wird unzerteilt serviert, und man überläßt es dem Esser, die Gräten herauszusuchen oder sie mitzuessen.

MEERBARBE UND MEERÄSCHE

Die Meerbarbe, »triglia«, ist der teuerste Fisch des Mittelmeers. Sie hat eine schöne Farbe und kann unzerteilt ohne weitere Säuberung gekocht werden. Die Größen variieren zwischen 15 und 40 cm. Schaben Sie die münzförmigen Schuppen ab, indem Sie ein Messer vom Schwanz aus in Richtung Kopf ziehen. Die Meeräsche wird »cefalo« oder »muggine« genannt. Sie hat einen torpedoförmigen Körper mit einem schwarzen Rücken. Sie muß sorgfältig gesäubert werden, wenn sie nicht aus ganz sauberen Gewässern stammt.

DORADE

Die Dorade ist ein großer Fisch mit silbrigen Schuppen, sie ähnelt im Geschmack der Meerbrasse.

DRACHENKOPF

Der »scorfano« oder Skorpionfisch ist hauptsächlich als ein Fisch bekannt, aus dem Fischbrühe gekocht wird.

SARDINEN

Sardinen – und viele andere kleine Fische – werden unter dem Namen »sarde« zusammengefaßt. Diese kurzen, kleinen silbernen Fische, die blaugrün schimmern und lange, papierdünne Flossen besitzen, schwimmen in Schwärmen die südliche Küste entlang. Normalerweise werden sie gegrillt serviert.

AAL

Der Aal verbringt einen großen Teil seines Lebens im Süßwasser. Die besten Aale findet man in den Lagunen von Comacchio an der Ostküste. Andere Aale werden im Meer gefangen, und es gibt zahlreiche Zubereitungsarten. Der »anguilla« sieht zwar nicht sehr beeindruckend aus, aber sein weißliches Fleisch schmeckt köstlich, wenn es gebraten oder gekocht wird.

Berechnen Sie beim Kauf das Gewicht des Kopfes und des knochigen Schwanzes ein. Süßwasseraale haben zu bestimmten Jahreszeiten Fett unter der Haut und müssen daher enthäutet werden. Legen Sie einen Faden um den Kopf des Tieres, direkt hinter die Kiemen, und befestigen Sie ihn irgendwo. Dann kerben Sie die Haut auf der Rückseite des Kopfes ein, fassen mit in Salz getauchten Fingern fest zu und ziehen die Haut mit einem Ruck ab. Sie können den Aal auch von Ihrem Fischhändler enthäuten lassen.

SARDELLEN

Sardellen heißen im Norden Italiens »acciuga« und in der Gegend von Neapel »alice«. Man kann frische Sardellen kaum mit Sardinen verwechseln, denn sie sind sehr schlank und haben einen spitzeren Kopf. Sie haben silbrige Flanken, und der blaugrüne Rücken verfärbt sich immer stärker dunkelblau oder schwarz, je länger die Fische aus dem Wasser sind. Sie schmecken am besten roh eingelegt in einer Vinaigrette.

Es gibt zwei Möglichkeiten, sie haltbar zu machen; indem man sie entweder in Öl oder in Salz in kleinen Fässern einlegt – gute italienische Delikatessengeschäfte im Ausland haben sie so vorrätig. Vor dem Einsalzen werden die Sardellen gewaschen und aufgeschnitten, um die Gräten innen zu entfernen. In Italien werden Sardellen auch als Geschmackszutat zu Bohnen und Eintöpfen verwendet.

GETROCKNETER FISCH

Getrockneter Kabeljau gehört in der italienischen Bauernküche zu den Grundnahrungsmitteln. Es gibt zwei verschiedene Arten, ihn zu trocknen, und die Rezepte dafür sind austauschbar, wenn der Fisch vorher entsprechend lange gewässert wurde. »Staccafisso«, Stockfisch, ist bei italienischen Bauern seit 500 Jahren beliebt, da er beim Trocknen hart wird und sich daher auch in heißen Sommern gut hält. Er wird nicht eingesalzen, sondern luftgetrocknet. Er behält seine Fischform, man schneidet lediglich den Kopf ab und nimmt den Fisch aus.

»Baccalà« oder Klippfisch wird bereits auf dem Fangschiff geköpft, aufgeschnitten und eingesalzen und dann an Land getrocknet. Er sieht aus wie ein dickes, dreieckiges Stück Pappe, ist salzig, hat einen schwachen Geruch und kann unterschiedlich groß sein. »Baccalà« ist in Spezialgeschäften sehr viel leichter zu bekommen als »staccafisso«.

Stockfisch muß geklopft werden, um die Fasern zu brechen, und wird dann gewässert – gewöhnlich etwa 3 Tage. Eingesalzener Kabeljau hat eine Einweichzeit von 24 Stunden – am besten in einer Schüssel unter fließendem Wasser, um Geruch zu vermeiden. Passen Sie die Einweichzeit an das Rezept an. Dicke Stücke aus der Mitte des Fisches werden oft fritiert, dünnere Teile verleihen Eintöpfen mit Tomaten und anderen Gemüsen Geschmack. Der Fisch muß sehr feucht sein, wenn er nicht noch gekocht werden soll. In Italien kann man diesen Fisch bereits vorbereitet kaufen.

MEERESFRÜCHTE

Bei der Zubereitung von Venusmuscheln und Miesmuscheln sollten alle offenen Muscheln vor dem Kochen aussortiert werden und alle geschlossenen danach.

KALMARE, SEPIEN, KRAKEN

Die torpedoförmigen Tintenfische, die zehn Tentakel besitzen, von denen zwei deutlich länger sind als die anderen, und die zwei Flossen an dem den Tentakeln gegenüberliegenden Ende haben, werden Kalmare genannt. Sepien, »seppie«, sind flacher und tragen einen Flossensaum um den Körper. Größere Exemplare kann man füllen, andere werden in Streifen geschnitten und fritiert, kleine Exemplare werden im Ganzen serviert.

Die Vorbereitung ist ähnlich. Ziehen Sie die Tentakel hoch, um den Inhalt des Beutels herauszustülpen (passen Sie dabei auf, daß der Tintenbeutel nicht zerstört wird, da er für manche Rezepte verwendet wird). Schneiden Sie die Tentakel über den Augen ab und werfen Sie den Rest weg. Drehen Sie jetzt den Körper leicht, um den durchsichtigen Schulp zu lösen. Große Sepien müssen auf der Seite aufgeschnitten werden, um den weißen Kalkschulp zu entfernen. Salz auf die Hände geben und die dunkle Haut damit abreiben.

Entfernen Sie bei einer Krake, »pulpo«, die Augen und den schnabelartigen Mund und säubern Sie das Innere des Tieres. Größere Exemplare müssen Sie eventuell bis zum Kopf aufschneiden und die Haut von den Tentakeln ziehen, zusammen mit den Ringen in den Saugnäpfen. Klopfen Sie sie danach gut, etwa wie bei einem Steak.

SCAMPI

Der Kopf und die Scheren größerer Scampi enthalten eßbares Fleisch. Die Rückenschale ist fester als bei Shrimps, ihr Rand ist gezackt, und auch der Bauch des Tieres ist geschützt. Um die Bauchschale zu entfernen, drückt man beide Seiten zusammen und zieht die Beine dann über den Rücken ab – als ob man einen Sattel abnehmen würde. Dann drückt man mit einer Hand auf den Schwanz, um das Fleisch zu lösen, und zieht mit der anderen Hand den Körper am Stück heraus.

GEMÜSE

Typisch italienische Gemüsearten bilden die Grundlage der Bauernküche. Viele Gemüsesorten, die auch in anderen Ländern wohlbekannt sind, werden in italienischen Gerichten auf ganz bestimmte Weise verwendet. Beispielsweise verleihen Sellerie und Karotten jeder Suppe Geschmack und sind auch oft Teil eines »soffrito« (siehe Bacon). Manche Gemüse verbindet man besonders mit dem Süden; Aubergine, »melanzana«, wird hier seit 900 Jahren gegessen. Es ist wichtig, durch Einsalzen, Waschen und Abtropfen die Bitterstoffe zu entfernen, sonst nimmt das Gemüse später auch sehr große Mengen Öl auf. Paprikaschoten, »peperoni«, wachsen im Süden zu eindrucksvoller Größe heran. Sie werden gebraten oder gefüllt. Die verwandte Chilischote, »peperoncini«, ist auch ein typisches Gewürz der südlichen Küche.

MANGOLD UND SPINAT

»Coste«, bei uns unter dem Namen Mangold bekannt, ist im gesamten Mittelmeerraum beliebt und wird auch in anderen Ländern immer bekannter. Der Geschmack der Verbraucher hat sich völlig gewandelt, und so wird Mangold jetzt hauptsächlich wegen seiner dicken Stiele angebaut, die im Geschmack entfernt an Spargel erinnern, und weniger wegen seiner fleischigen, dunklen Blätter, die so lange verwendet wurden. Zu Mangold passen Pinienkerne sehr gut.

Spinat, »spinaci«, ist kein altbekanntes italienisches Gemüse, aber er wurde begeistert angenommen und kann Mangold ersetzen, genauso wie das Blattgrün von Runkelrüben und weißen Rüben.

CHICOREE UND ENDIVIE

Der kleinen, weißen, torpedoförmigen Pflanze, die in Deutschland Chicorée heißt, begegnet man in der traditionellen Küche Italiens nicht, wohl aber einigen verwandten Arten. Roter Radicchio gehört zu dieser Famile genauso wie Wilder Chicorée, ein klassisches Gemüse der Bauern, das etwas bitterer schmeckt. Krause Endivie ähnelt eher dem wilden Salat; sie kann kurz gewässert werden, damit sie etwas von ihrer Bitterkeit verliert.

RAUKE

Rauke, »arugula«, ist ein pfeffrig schmeckendes Salatgemüse. Es ist gewöhnlich in den Blattsalatmischungen enthalten, die man auf italienischen Märkten kaufen kann, und es wird anderen Blattsalaten beigegeben, um den Geschmack zu bereichern. Man kann mehrere Sorten kaufen. Junger Spinat ist bitterer und weniger scharf, aber er kann als Ersatz dienen.

ZUCCHINI UND ZUCCHINIBLÜTEN

Diese schmalen Kürbisse, meist kleiner als 15 cm, obwohl sie durchaus sehr viel größer werden können, sind grün oder gelb und in Italien sehr beliebt.

Die orangefarbenen Blüten schmecken hervorragend in Omeletts oder auch fritiert. Sie sind außerdem sehr dekorativ und daher bei vielen Küchenchefs außerhalb Italiens sehr beliebt. Vor der Weiterverarbeitung die Zucchini 30 Minuten lang mit etwas Zitronensaft wässern.

ARTISCHOCKEN

Die hübschen »carciofi« sind die großen Blütenknospen einer Distelart. Sie blühen in der kalkhaltigen Erde des italienischen Südens, wo sie sehr schnell wachsen, und schmecken ausgezeichnet. Es gibt zwei Sorten, eine mit spitz zulaufender Knospe und stachligen Blättern und eine mit einer abgerundeten Knospe und ohne Stacheln. Im Süden werden sie nicht wie im Norden Blatt für Blatt gegessen. Alles, was auf den Tisch kommt, soll man essen können, daher werden zuerst die Knospen gesäubert und dann die harten Blätter entfernt. Kleinere Knospen mit weichen Blättern kocht man ganz, und die Herzen der größeren Blüten werden für andere Gerichte verwendet. Die Erdartischocke kann gut als Ersatz in den meisten Rezepten dienen.

FENCHEL

Das italienischste aller Gemüse, »finocchio«, heißt außerhalb Italiens oft Florentiner Fenchel, um es von dem gleichnamigen Kraut zu unterscheiden. Seine überlappenden Stengel ähneln einer Knolle, und das fedrige Grün wird zum Bestreuen des Gemüses verwendet. Wie süß dieses Gemüse schmeckt, zeigt sich in der alten italienischen Sitte, Fenchel am Ende einer Mahlzeit wie Obst auf den Tisch zu stellen. Es schmeckt sowohl roh in Salaten als auch gekocht.

KNOLLENSELLERIE

In Italien wird dieses Gemüse »sedano rapa« genannt. Die Wurzel ähnelt im Geschmack dem Stangensellerie, ist aber eigentlich kein traditionelles italienisches Gemüse. Der süßliche Geschmack ist bei jungen Wurzeln, die weniger als ein Pfund wiegen, am intensivsten. Bereiten Sie ihn wie eine weiße Rübe zu, die auch in den Rezepten statt Knollensellerie verwendet werden kann. Bewahren Sie die Sellerieblätter auf, wenn Sie sie bekommen – sie sind ein gutes zusätzliches Gewürz.

SKORZONERE – SCHWARZWURZEL

Diese dünne, schwarze Wurzel, die ein wenig wie eine Karotte aussieht, aber doppelt so lang ist, gehört zur Familie der Korbblüter. Der italienische Name »scorzonere« wird fast auf der ganzen Welt verwendet. Bocksbart ist sehr ähnlich, wenn auch nicht verwandt, und kann als Ersatz dienen. Der Geschmack der Skorzonere ist süß, und einige behaupten, er ähnele dem der Auster. Zubereitet wird das Gemüse, indem man die Spitze der Wurzel und das Blattende abschneidet, die Erde abwäscht und sie dann schält oder abschabt. Dann wird sie in 5–10 cm lange Stücke geschnitten. Bis zum Kochen in Wasser legen, das mit etwas Zitronensaft gesäuert wurde. Das Gemüse ist fertig, wenn es gerade weich ist.

ZWIEBELN UND KNOBLAUCH

Die Zwiebel ist unverzichtbar als Gewürz für andere Gemüse und wird auch selbst als Gericht gegessen – gebraten, gefüllt oder in Salaten. Es gibt verschiedene Sorten, die auch unterschiedlich verwendet werden, die mildeste Sorte stammt aus dem Piemont. Rote Zwiebeln werden für Salate benutzt und wegen ihrer Farbe in Gerichten wie Fitascetta.

»Aglio«, Knoblauch, ist aus der italienischen Küche nicht wegzudenken. Oft wird er in Öl gedünstet, das zum Kochen verwendet wird, um es schmackhaft zu machen. Fein gehackt und zusammen mit Zwiebeln in Schweinefett gebraten, bildet er eine Grundzubereitung, »battuto«, die in zahlreichen Gerichten Verwendung findet.

TOMATEN

Die Tomate, »pomodoro« oder »Goldapfel«, steht seit dem 18. Jahrhundert im Mittelpunkt der süditalienischen Küche. Die Tomatensauce wurde von den Neapolitanern erfunden.

Wirklich reife Tomaten haben wenig Kerne, und die Haut läßt sich leicht abziehen. Die idealen nördlichen Sorten muß man dazu oft einige Sekunden in kochendem Wasser blanchieren. In Italien werden Eiertomaten immer zum Kochen verwendet, runde Sorten für Salate.

Seit mehr als hundert Jahren werden aus dem Süden Italiens Dosentomaten exportiert. Erst kürzlich sind passierte Tomaten, »passata«, dazugekommen. Der Name bedeutet »durch ein Sieb gedrückt«, und es handelt sich dabei um Tomatenbrei, meist ohne Haut und Kerne, Tomatenmark dagegen ist sehr stark konzentriert.

STEINPILZE

Steinpilze, die in Italien »porcini« heißen, sind die schmackhaftesten Pilze aus der Boletus-Familie. Der Hut des frischen Pilzes glänzt, als wäre er glasiert. Der Geschmack des Pilzes wird durch Trocknen noch gesteigert und intensiviert. Getrocknete Pilze sind sehr teuer, aber 30 g reichen gewöhnlich für ein Gericht. Die getrockneten »porcini« sollten etwa 20 Minuten in warmem Wasser eingeweicht, dann abgetropft und geschnitten werden. Erst am Ende der Kochzeit zufügen, damit sie nicht an Geschmack verlieren.

TRÜFFEL

»Tartufi« sind die Könige unter den eßbaren Pilzen. Aus Italien stammen zwei besonders köstliche Sorten. Die schwarze Trüffel wächst sehr zahlreich um Norcia und Spoleto in Umbrien, wo noch immer Schweine dazu benutzt werden, sie im Boden aufzuspüren. Sie kann von Oktober bis Dezember gesammelt werden. Die gleiche Sorte findet man auch in Frankreich im Perigord. Trüffel sehen entfernt wie schmutzige Kartoffeln aus. Erst beim Kochen entwickeln sie ihren Geschmack. Die sogenannte weiße Trüffel – in Wirklichkeit ist sie beige-braun – kommt aus der Gegend um die Stadt Alba. Sie ist die köstlichste Trüffelart überhaupt und wird roh über heiße Gerichte gerieben.

Schwarze Trüffel werden vakuumverpackt mit etwas Flüssigkeit in Gläsern verkauft, und sogar die Schalen gibt es in Dosen. Früher waren Trüffel wildwachsende Nahrungsmittel, die jeder finden konnte. Ihr Duft ist so stark, daß er jedem Lebensmittel, das mit Trüffeln in Berührung kommt, einen speziellen Geschmack verleiht – daher kommt wohl auch die Anziehungskraft von Trüffeln und Pasteten aus Trüffeln und anderen Pilzen. Es gibt sogar ein Öl mit Trüffelgeschmack.

KRÄUTER

Bestimmte wohlbekannte Kräuter sind für italienische Gerichte unverzichtbar: Thymian, der zu fast allem paßt, Rosmarin zu Braten und Grillfleisch, Wilder Fenchel für Fisch und Würste, das berühmte Lorbeerblatt, als Beilage zu Fisch und Fleisch, und Salbei, der im Norden fast untrennbar mit Schweinefleisch und Bohnen verbunden ist. Minze ist vielseitig verwendbar, und glatte Petersilie ist besser im Geschmack als krause.

ORIGANO

Zum Glück gehört Origano zu den wenigen Kräutern, die getrocknet besser schmecken als frisch. Durch das Trocknen wird sein Geschmack sogar noch intensiver. Origano aus dem Süden riecht schärfer, und er wird mit zahlreichen Lebensmitteln kombiniert.

BASILIKUM

Basilikum liebt einen sonnigen Standort und ist die ideale Ergänzung zu Tomaten. In Ligurien allerdings wird es hauptsächlich für die Pesto-Sauce angebaut, in der es mit Parmesan und Pinienkernen kombiniert wird.

PREBOGGION

Eine Mischung aus wilden Kräutern, die auf den Märkten in Genua verkauft wird und eine Vielzahl von Düften einschließt. Man verwendet wilde Kräuter zum Würzen von Salaten und Füllungen gleichermaßen.

KAPERN

Kapern, »capperi«, sind die festen Knospen eines Strauchs, der am Mittelmeer wächst. Sie werden in Meersalz und oft auch in Weinessig eingelegt. Ihr Geschmack ist scharf und paßt sehr gut zu Olivenöl, Fleisch und Saucen.

SUPPEN

Es gibt nur wenige Gerichte, die bekömmlicher und nahrhafter sind als ein großer Teller echter italienischer Suppe – ideal für kalte Winterabende, reichhaltig genug als Hauptmahlzeit im Sommer.

JOTA *links (S. 31)*
MINESTRONE CON LA ZUCCA *rechts (S. 21)*

Es gibt nur wenige Gerichte, die bekömmlicher und nahrhafter sind als ein großer Teller Suppe. In der bäuerlichen Küche, in der die Verschwendung von Lebensmitteln unvorstellbar war, löste eine Suppe auf einfache Art das Problem der Resteverwertung. Minestrone bedeutet eigentlich »Große Suppe«, mit anderen Worten, eine Suppe, die eine ganze Mahlzeit darstellt. Sie stammt aus der Lombardei, einer weiten, flachen Landschaft, in der die Bewohner häufig mit Nebel und Schnee zu kämpfen haben – das ideale Klima für Suppenmahlzeiten. Die lombardischen Höfe bestehen meist aus riesigen Gebäuden mit reichlich Platz für Mensch und Vieh, die als Festungen gegen das rauhe Wetter und gegen unerwünschte Eindringlinge dienten. Stellen Sie sich einmal vor, mitten im Winter in einem riesigen, einsamen Hof eingeschlossen zu sein: Im Herd lodert ein großes Feuer, und draußen ist alles grau, dunkel und feucht. Dies ist sicher nicht die ideale Witterung für ein Käsesoufflé mit Krabbensauce: Was Sie jetzt brauchen, ist ein Teller Suppe mit viel Gemüse und Reis oder Nudeln, alles zusammen gekocht in einer kräftigen Brühe. In die Brühe kann man Speisereste aller Art geben – sie werden sich augenblicklich in eine denkwürdige Mahlzeit verwandeln!

Suppenrezepte, die aus südlichen Gebieten stammen, unterscheiden sich sehr von denen im Norden. Auch hier sind die Suppen nahrhaft und sättigend, aber weniger reichhaltig und sehr viel leichter. Das liegt an den völlig anderen klimatischen Bedingungen; die Winter in Kalabrien sind milder als die Winter im Friaul. Selbst wenn man hoch in die Berge hinaufsteigt, ist das Klima nicht mit den Witterungsbedingungen der Alpen im Norden zu vergleichen. Im Süden verwendet man oft Chilischoten, um sich innerlich zu wärmen – deshalb kann es durchaus passieren, daß Sie bereits nach dem ersten Löffel einer harmlos aussehenden Gemüsesuppe, die Sie in einem Abruzzendorf essen, verzweifelt zum Wasserglas greifen.

Die Suppenrezepte, die als Grundlage Brot enthalten (anstatt Reis, Bohnen und Hülsenfrüchte, Nudeln oder Kartoffeln), sind ganz offensichtlich aus Gründen der Sparsamkeit entstanden und erscheinen auf den ersten Blick etwas eintönig. Aber ihr Geheimnis ist die Qualität des Brotes – ein Brot, das fest und würzig ist, kann eine herrliche Suppengrundlage bilden. Wenn Sie diese Suppen nachkochen, sollten Sie versuchen, Brot zu bekommen, das wirklich nach Brot schmeckt – am besten eignet sich natürlich selbstgebackenes!

Tortellini in Brodo – Tortellini in Brühe – ist eine sehr delikate und raffinierte Art, Pasta zu servieren. Die Brühe sollte von bester Qualität sein, und es ist sehr wichtig, die kleinen Nudeltaschen vor dem Kochen gut zu verschließen, denn sonst verlieren sie nur allzu leicht während des Kochens ihre Füllung! Sie sollten wirklich erst ganz zuletzt in die Brühe gegeben werden. Es ist üblich, zur Suppe geriebenen Parmesan oder Pecorino zu servieren und vor dem Essen etwas Olivenöl über den Teller zu träufeln – es verfeinert den Geschmack und kühlt die Suppe.

Wie bei allen Rezepten dieses Buches hoffe ich auch bei den Suppen, daß Sie viel Freude an der Zubereitung haben werden. Deshalb sollten Sie sich auch nicht scheuen, die Rezepte frei abzuwandeln. Schließlich variieren diese Gerichte auch in ihrem Herkunftsgebiet von Haushalt zu Haushalt und werden geprägt von der Auswahl der Zutaten und dem ganz persönlichen Geschmack.

MINESTRONE ALLA LOMBARDA

LOMBARDISCHE MINESTRONE

Dies ist das Originalrezept für die »Große Suppe«. Sie ist so reichhaltig, daß sie in kaltem Zustand beinahe fest ist, und enthält viel frisches Gemüse, Reis und Parmesankäse, damit sie nahrhaft und sättigend ist.

FÜR 6 PERSONEN

2 Selleriestangen, sehr fein gehackt
2 Karotten, geschabt und sehr fein gehackt
2 Zucchini, in feine Scheiben geschnitten
3 ganze, mehlige Kartoffeln, geschält
450 g reife Tomaten
50 g Schweinefett
1 Handvoll frische Petersilie, gewaschen und sehr fein gehackt
1 große Knoblauchzehe, geschält und sehr fein gehackt
1 große rote Zwiebel, fein gehackt
2 Blätter frischer Salbei
50 g durchwachsener Speck, fein gehackt
1 Scheibe Schweinebauch, in feine Würfel geschnitten
8 frische Basilikumblätter
225 g frische Borlotti-Bohnen
(oder 115 g getrocknete – über Nacht gewässert und zweimal aufgekocht)
225 g ausgepalte Erbsen (möglichst keine tiefgekühlten Erbsen verwenden)
1/4 Kohlkopf, die Blätter grob gehackt
1/2 Teelöffel Tomatenmark
200 g Reis oder kleine Nudeln
Salz und Pfeffer
frisch geriebener Parmesan
Olivenöl

Sellerie, Karotten, Zucchini und Kartoffeln vorbereiten und mischen. Die Tomaten in kochendes Wasser tauchen, entkernen, schnell abziehen und kleinhacken.

Schweinefett, Petersilie und Knoblauch in einem Topf gut vermischen. Die gehackte Zwiebel, Salbeiblätter, Speck und Schweinebauch dazugeben. Vorsichtig anbraten, bis die Zwiebel weich und glasig ist. Das vorbereitete Gemüse, Basilikum, Bohnen und Tomatenmark zufügen.

Mit 3 l kaltem Wasser aufgießen, abdecken und 3 Stunden unter gelegentlichem Rühren köcheln lassen. Wenn die Kartoffeln bis dahin noch nicht in kleine Stücke zerfallen sind, mit einer Gabel zerdrücken, um die Suppe zu binden.

Die frischen Erbsen zugeben. Nach 15 Minuten die Kohlblätter dazugeben. 15 Minuten köcheln lassen, dann Reis oder Nudeln hineingeben. Falls Sie tiefgekühlte Erbsen benutzen, diese ebenfalls hinzugeben. Reis 20 Minuten kochen lassen, bei Nudeln die Angaben auf der Packung beachten. Umrühren und abschmecken, eventuell nachwürzen.

Im Winter heiß servieren, Olivenöl darüberträufeln und Parmesankäse dazureichen. Im Sommer wird diese Suppe kalt gegessen, jedoch nicht geeist. Eventuell über Nacht in einer Schüssel abkühlen lassen, dann auf Teller verteilen, aber immer zusammen mit Olivenöl und Parmesankäse servieren.

MINESTRONE CON LA ZUCCA

MINESTRONE MIT KÜRBIS

Diese Suppe sieht sehr hübsch aus, denn sie hat eine helle, warme Farbe, und sie schmeckt genauso gut, wie sie aussieht! Servieren Sie dazu einen guten, würzigen Weißwein, beispielsweise einen Franciacorta Pinot, der gut zu jeder Suppe paßt. Er schmeckt auch ausgezeichnet zu anderen Vorspeisen, besonders zu Eier- oder Käsegerichten oder Süß- und Seewasserfischen.

FÜR 4 PERSONEN

800 g gelber Kürbis, geschält und entkernt
Salz und Pfeffer
500 ml gute Brühe
500 ml Milch
60 g Spaghetti, in kleine Stücke gebrochen
30 g Butter
85 g frisch geriebener Parmesan

Den Kürbis in Stücke schneiden. Salzwasser in einem großen Topf zum Kochen bringen, den Kürbis hineingeben und weichkochen. Abgießen und zu Püree zerdrücken. In den Topf zurückgeben und Brühe und Milch unterrühren.

Wieder zum Kochen bringen, dann die Nudeln hineinrühren und weichkochen. Abschmecken. Den Topf vom Herd nehmen, die Butter und den Parmesankäse unterheben. Sehr heiß servieren.

ZUPPA DI FINOCCHI

FENCHELSUPPE

EIN OCHSENKARREN *Riesige weiße Ochsen ziehen das Viehfutter nach Hause – eine Abendszene, wie man sie seit Jahrhunderten auf den Feldern sehen kann.*

Diese Suppe ist besonders angenehm nach mehreren schweren Mahlzeiten, denn Fenchel hat eine ausgezeichnete verdauungsfördernde Wirkung. Wenn Sie also den Punkt erreicht haben, an dem Sie nichts Reichhaltiges mehr essen wollen, aber Appetit auf etwas Bekömmliches und Ursprüngliches haben, dann probieren Sie diese Suppe!

FÜR 4–6 PERSONEN

5 große, feste Fenchelknollen
3 große Knoblauchzehen, fein gehackt
1 Handvoll frische Petersilie, fein gehackt
60 ml Olivenöl, Salz und Pfeffer
4 Scheiben altbackenes Weißbrot

Die harten Außenblätter von den Fenchelknollen entfernen und das zarte, weiße Innere in feine Streifen schneiden. Zusammen mit dem Knoblauch, der Petersilie, dem Öl und einer Prise Salz in einen Topf geben und etwa 6 Minuten lang unter Rühren und Wenden vorsichtig anbraten.

Mit 1,2 l kaltem Wasser (oder Hühnerbrühe, wenn die Suppe kräftiger schmecken soll) aufgießen. Zum Kochen bringen, dann die Temperatur verringern und langsam köcheln lassen, bis der Fenchel zerfällt. Abschmecken und großzügig würzen. Unterdessen das Brot im Ofen toasten.

Den Toast auf den Boden der Suppenterrine legen, die Suppe darübergießen und sofort servieren.

MINESTRA DI RISO, LATTE E CASTAGNE

SUPPE AUS REIS, MILCH UND KASTANIEN

Da die meisten Menschen entweder Kastanien köstlich finden oder sie nicht ausstehen können, ist diese Suppe vielleicht nicht für eine Abendeinladung geeignet, wenn Sie den Geschmack Ihrer Gäste nicht sehr gut kennen. Wenn Sie selbst für Kastanien schwärmen, werden Sie diese feine und sehr nahrhafte Suppe lieben. Ihre Konsistenz erinnert an Haferbrei mit Sahne oder auch an Reisbrei.

FÜR 4 PERSONEN

200 g frische Kastanien
Salz
150 g Rundkornreis
500 ml Milch
30 g Butter

Die Kastanien mit einer Gabel anstechen, in einen Topf geben, mit lauwarmem Wasser bedecken und 5–8 Minuten kochen. Abgießen, schälen und die weiche Innenhaut entfernen. Mit etwa 1½ l Salzwasser in einen großen Topf geben und bei mittlerer Hitze 2½ Stunden lang kochen, bis die Kastanien zerfallen sind und die Flüssigkeit auf die Hälfte eingekocht ist.

Den Reis zufügen und etwa 12 Minuten kochen, bis der Reis halb gar ist, dann die Milch und die Butter dazugeben. Weiterkochen, bis die Suppe sehr dick und cremig ist, dann würzen.

ACQUACOTTA

SUPPE AUS PILZEN, TOMATEN UND EIERN

Dieses alte Rezept aus der Toskana, das sich einfach »gekochtes Wasser« nennt, besteht aus Pilzen, die mit Knoblauch, Öl und Tomaten gegart werden. Die entstandene Mischung wird zu einer Suppe verdünnt und in Teller oder Suppenschüsseln gegossen, in denen geröstete Brotscheiben die überschüssige Flüssigkeit aufsaugen. Die Suppe wird mit geriebenem Käse und Eiern ergänzt, um sie nahrhafter zu machen. Nehmen Sie den Namen nicht zu ernst: Der Geschmack ist wirklich köstlich, denn Steinpilze sind von allen Pilzen die delikatesten.

FÜR 4 PERSONEN

450 g frische Steinpilze (oder andere Waldpilze)
4 Eßlöffel Olivenöl
2 Knoblauchzehen, leicht zerdrückt
Salz und Pfeffer
200 g frische, reife Tomaten, geschält und entkernt, oder die entsprechende Menge Dosentomaten
8 dünne Scheiben altbackenes Weißbrot
3 Eier
2 gehäufte Eßlöffel frisch geriebener Parmesan

Die Pilze vorsichtig säubern, putzen und waschen. Gründlich trocknen und in Scheiben schneiden. Das Olivenöl in einem weiten Topf erhitzen. Den Knoblauch hineingeben und goldbraun braten, dann die Pilze hinzufügen.

Mit Salz und Pfeffer würzen und etwa 15 Minuten braten, dann die Tomaten zugeben. 1 l kochendes Salzwasser einrühren, zugedeckt köcheln lassen, bis die Pilze völlig weich sind, was etwa 10 Minuten dauert.

Unterdessen das Brot im Ofen knusprig rösten. Zwei Scheiben in jeden Suppenteller legen. Die Eier aufschlagen und mit dem Parmesan in eine Suppenterrine geben. Die fertige Suppe über Eier und Käse gießen; verrühren, die Suppe über das Brot in den Suppentellern verteilen.

BAUERNHOF IN DER TOSKANA *Auf den einsamen toskanischen Hügeln liegen in weiten Abständen Gehöfte wie dieses, das sich an den Rand eines dunklen Waldes schmiegt.*

MINESTRONE ALLA LIGURE

LIGURISCHE MINESTRONE

Dies ist die ligurische Version der Minestrone, mit viel frischen Kräutern, bei der vor dem Servieren ein duftender Rosmarin-Pesto in die Suppe gerührt wird

FÜR 6 PERSONEN

60 g getrocknete Cannellini-Bohnen, über Nacht eingeweicht und zweimal aufgekocht
Olivenöl
1 große weiße Zwiebel, fein gehackt
3 Selleriestangen, fein gehackt
1 große Scheibe roher Schinken (Prosciutto crudo), in dünne Streifen geschnitten
1 kleiner Weißkohl, fein geschnitzelt
2 große Karotten, geschabt und fein gehackt
6 große Spinatblätter, geputzt und gewaschen
6 große dunkelgrüne Salatblätter, gewaschen und gehackt
1 gehäufter Eßlöffel Tomatenmark
1,2 l gute Hühner- oder Gemüsebrühe
1 große Knoblauchzehe
1 Handvoll frische Petersilie
2 kleine frische Rosmarinzweiglein
2 gehäufte Eßlöffel geriebener Parmesan und zusätzlich Parmesan zum Servieren
¼ getrocknete rote Chilischote
200 g Pasta, am besten Lasagnette oder Tagliatelle, in 7,5 cm lange Stücke gebrochen

3 Eßlöffel Olivenöl in einen großen, 2 l fassenden Topf geben. Die Zwiebel, den Sellerie und den Schinken darin anbraten, bis die Zwiebel glasig ist. Bohnen, Kohl, Karotten, Spinat, Salat und Tomatenmark dazugeben. Unter Rühren leicht anschwitzen und währenddessen die Brühe erhitzen. Die Brühe dazugießen und umrühren. Abdecken und etwa 1½ Stunden köcheln lassen, eventuell Brühe nachgießen, damit das Gemüse immer gut bedeckt ist.

Währenddessen Knoblauch, Petersilie, Rosmarin, Parmesan und Chili in einem Mörser zu einer Paste zerreiben oder im Mixer zerkleinern. Die Pesto-Mischung durch ein Sieb passieren und beiseite stellen.

Die Pasta in die Suppe geben und weichkochen, dann die Pesto-Mischung unterrühren. Vom Herd nehmen und einige Minuten stehenlassen, dann in Suppentassen füllen, mit Parmesan bestreuen und sofort servieren.

TORTELLINI IN BRODO

TORTELLINI IN KLARER SUPPE

Dies ist die traditionsreichste aller Suppen aus der Emilia-Romagna: In einer reichhaltigen Hühnerbrühe schwimmen feine, selbstgemachte, mit Hackfleisch gefüllte Teigtäschchen. Die Herstellung von Tortellini ist eine Kunst; beim ersten Versuch ist es angeraten, für die Pasta nur zwei Eier und die halbe Menge der Füllung zu verwenden.

FÜR 6 PERSONEN

HÜHNERBRÜHE

½ Hühnchen
450 g Rinderhachse
1 große Karotte, geschabt
1 Zwiebel
2 Selleriestangen, geputzt
1 Handvoll frische Petersilie
2 kleine Kohlblätter
Salz und Pfeffer

PASTA

300 g Mehl
3 große Eier

FÜLLUNG

100 g Rumpsteak, in Würfel geschnitten
50 g Truthahnbrust, in Würfel geschnitten
30 g Butter
100 g Mortadella
100 g roher Schinken (Prosciutto crudo)
2 Eier
1 Prise geriebene Muskatnuß
200 g frisch geriebener Parmesan

Für die Brühe alle Zutaten in einen Suppentopf geben, nach Geschmack mit Salz und Pfeffer würzen. Mit etwa 3 l kaltem Wasser aufgießen und zum Kochen bringen. Abdecken und etwa 3 Stunden köcheln lassen. Zweimal abseihen und über Nacht kühl stellen.

Am nächsten Tag die Pasta herstellen. Das ganze Mehl auf die Arbeitsfläche häufen und in die Mitte eine Vertiefung drücken. Die Eier in die Mulde geben. Mit den Fingern vermischen und durchkneten.

Den Teig etwa 15–20 Minuten durcharbeiten. Er sollte ziemlich fest sein, aber goldgelb, elastisch und geschmeidig.

Mit einem feuchten Tuch bedecken und ruhen lassen. Unterdessen die Füllung zubereiten. Steak und Truthahnbrust in der Butter etwa 10 Minuten bei schwacher Hitze anbraten. Abkühlen lassen, dann zusammen mit der Mortadella und dem Schinken zweimal durch den Fleischwolf drehen. Eier, Muskatnuß, Salz, Pfeffer und 150 g Parmesankäse untermischen. Beiseite stellen.

Die Pasta so dünn wie möglich ausrollen, in der Mitte zusammenfalten und wieder ausrollen. In dieser Weise fortfahren, bis die Pasta am Falz knackt. Wenn das Knacken hörbar ist, ist der Teig richtig. Nochmals sehr dünn ausrollen und mit einem Ausstecher oder einem umgedrehten Weinglas Kreise von 4 cm Durchmesser ausstechen.

In der Mitte jedes Kreises ein wenig von der Füllung geben, in der Mitte falten und die Ränder gut zusammendrücken, damit die Füllung nicht während des Kochens heraustritt. Sind alle Teigtaschen gut verschlossen, werden sie zu Halbmonden geformt. Einzeln um den Zeigefinger wickeln und die Enden fest zusammendrücken (eventuell unter Zuhilfenahme von etwas kaltem Wasser). Die fertigen Tortellini von der Fingerspitze gleiten lassen und nebeneinander auf ein bemehltes Küchentuch legen.

Die Brühe aufkochen. Die Tortellini hineingeben und 2–3 Minuten kochen lassen. Mit dem restlichen Käse servieren. Ich biete zu diesem Gericht immer eine große Flasche Lambrusco an!

GEMEINSCHAFTLICHES MAHL *Die ältere Generation hat sich zu einem besonderen Abendessen draußen versammelt. Dazu gibt es viel guten Landwein.*

ZUPPA DI ZUCCHINE

ZUCCHINISUPPE

Diese Sommersuppe aus Zucchini, frischem Basilikum, Eiern, Olivenöl, Brot und Käse ist eine Spezialität aus der südlichen Gegend um Neapel. In der schwarzen Erde dieses Küstenstrichs gedeiht eine Vielzahl von Gemüse. Entscheidend für dieses Rezept ist die Verwendung sehr frischer Zucchini mit glänzender Haut. Die Zucchini müssen jung und zart sein und sollten nicht größer als 15 cm sein. Beim Anschnitt sollten sich nur kleine Kerne zeigen. Die Qualität der Zucchini ist entscheidend für den Geschmack der Suppe.

FÜR 4 PERSONEN

5 sehr frische Zucchini, geputzt und gewaschen
3 Eßlöffel Olivenöl
Salz und Pfeffer
2 Eier
3 gehäufte Eßlöffel frisch geriebener Parmesan
50 g frische Petersilie, fein gehackt
8 frische Basilikumblätter, fein gehackt
8 Scheiben altbackenes Weißbrot

Die ungeschälten Zucchini in kleine Würfel schneiden. Das Öl in einem Topf erhitzen, die Zucchini dazugeben, gelegentlich wenden und etwa 2 Minuten lang vorsichtig anbraten.

1,2 l kaltes Wasser oder Brühe über die Zucchini gießen, mit Salz und Pfeffer würzen und gut umrühren. Zugedeckt zum Kochen bringen und 45 Minuten lang köcheln lassen.

Die Eier in einer Schüssel aufschlagen, mit dem Käse und den Kräutern gut verrühren. In die heiße Suppe gießen und unterrühren, damit die Eier stocken. Von der Flamme nehmen. Das Brot rösten und 2 Scheiben in jeden Suppenteller legen. Die etwas abgekühlte Suppe über das Brot schöpfen und servieren.

ZUPPA DI ZUCCHINE

PANCOTTO CON RUCOLA E PATATE

KARTOFFELSUPPE MIT RAUKE

Dieses Rezept aus Apulien ist über 2500 Jahre alt. Es beschreibt eine ganz einfache Suppe, die aber cremig und wohlschmeckend ist – und Rauke soll das Blut reinigen.

FÜR 4 PERSONEN

450 g Kartoffeln, geschält und in dicke Scheiben geschnitten
450 g Rauke (oder geputzter Spinat)
Salz
8 Scheiben altbackenes Weißbrot
100 ml Olivenöl
1 getrocknete rote Chilischote
2 Knoblauchzehen, in dünne Streifen geschnitten

Die Kartoffeln mit 1,5 l kaltem Wasser aufgießen. Zum Kochen bringen und 10 Minuten kochen lassen. Unterdessen die Rauke putzen und waschen.

Die Rauke zu den Kartoffeln geben (nach Belieben grob gehackt, auch wenn dies traditionell nicht üblich ist!). Spinat hat keinen so pikanten Geschmack wie Rauke, aber auch diese Version ist sehr beliebt. Die Suppe weiterkochen und gelegentlich umrühren, bis die Kartoffeln zerfallen. Mit Salz und Pfeffer würzen, dann das Brot dazugeben. Die Suppe umrühren und in eine Suppenterrine gießen.

Das Öl in einer Pfanne erhitzen und Knoblauch und Chili darin etwa 8 Minuten lang anbraten. Dann die Chilischote entfernen. Öl und Knoblauch über die Suppe geben, durchrühren und sofort servieren.

FRISCH GEBACKENES BROT *Die Laibe, die noch in einem traditionellen mit Holz befeuerten Ofen gebacken wurden, liegen zum Abkühlen auf einem Tuch.*

PANE COTTO CON ALLORO

BROT- UND KÄSESUPPE

Diese Suppe findet man im ganzen Land in verschiedenen Varianten, sie hat ihre Wurzeln in den Zeiten der Armut, in denen nichts weggeworfen wurde, nicht einmal das übriggebliebene, altbackene Brot. Die Suppe ist nahrhaft und schnell zubereitet, auch wenn sie für den modernen Geschmack etwas spartanisch erscheint. Sie kann auch mit Brühe aufgesetzt werden.

FÜR 4 PERSONEN

Salz
2 frische Lorbeerblätter oder 1 getrocknetes Lorbeerblatt
75 ml Olivenöl
8 altbackene Brötchen, in kleine Stücke gebrochen
8 Eßlöffel frisch geriebener Pecorino

1,2 l Wasser mit einer Prise Salz zum Kochen bringen. Die Lorbeerblätter und das Öl zufügen. Rühren und 5 Minuten lang köcheln lassen. Das Brot unterrühren. In eine Suppenterrine füllen und mit dem Käse bestreuen.

JOTA

HERZHAFTE WINTERSUPPE

Diese Suppe ist besonders geeignet für richtig kalte Wintertage. Ich serviere sie gerne nach einem Waldspaziergang durch den Schnee. Sie ist so kräftig und so sättigend, daß sie eine vollständige Mahlzeit darstellt. Als Nachtisch eignen sich vielleicht gebackene Äpfel oder einige Orangenschnitze. Ein würziger Rotwein, etwa ein Merlot, ergänzt den Geschmack ausgezeichnet.

FÜR 6 PERSONEN

300 g getrocknete Borlotti-, Kidney- oder Cannellini-Bohnen, über Nacht eingeweicht
150 g Schweinebauch, in Würfel geschnitten
3 Eßlöffel Pflanzenöl oder ausgelassenes Schweinefett

1 Eßlöffel Mehl
50 g Schweineschmalz
1 große Zwiebel, sehr fein gehackt
½ Teelöffel getrockneter Salbei
2 Knoblauchzehen, sehr fein gehackt
1 Handvoll frische Petersilie, sehr fein gehackt
5 Eßlöffel Polenta (gelbes Maismehl)
100 g geräucherter Speck oder Pancetta
300 g Sauerkraut
Salz

Die Bohnen abgießen, in einen Topf geben, mit Wasser bedecken und zum Kochen bringen. Nach 10 Minuten abgießen und spülen, dann mit etwa 1,5 l kaltem Wasser und dem gewürfelten Schweinebauch wieder aufkochen. Zugedeckt langsam köcheln lassen. Öl und Mehl zusammen anschwitzen, dann unter die Bohnen rühren. Etwa 30 Minuten weitergaren lassen.

Schweineschmalz, Zwiebeln, Salbei, Knoblauch und Petersilie anbraten, bis sie sich zu einer Paste verbinden. Dann das Polentamehl zufügen und alles zu den Bohnen geben. Weitere 30 Minuten köcheln lassen. Den Schinken anbraten, bis das Fett austritt und zu brutzeln beginnt, das Sauerkraut unterrühren und beides zur Suppe geben. Abschmecken.

ZUPPA DI FAGIOLI

BOHNENSUPPE

Das Geheimnis des Erfolgs ist die Verwendung von frischen Bohnen. Wenn Sie wirklich keine bekommen können, läßt sich die Suppe auch mit der getrockneten Variante zubereiten, aber der Geschmack wird nicht der gleiche sein. Nach dem Einweichen sollte man die Bohnen immer einmal aufkochen. Dann abgießen und waschen und wie frische verwenden.

FÜR 4 PERSONEN

650 g frische Borlotti-Bohnen oder 300 g getrocknete, über Nacht eingeweicht und abgegossen
1 große Zwiebel, fein gehackt
1 große Selleriestange, fein gehackt
50 g frische Petersilie, fein gehackt
etwa 50 ml Olivenöl
30 g Bacon- oder Schinkenfett
oder 115 g Schweinebauch, gehackt
2 Eßlöffel Tomatenmark
Salz und Pfeffer

Die frischen oder eingeweichten Bohnen mit kaltem Wasser bedecken, zum Kochen bringen und weichkochen. Getrocknete Bohnen brauchen etwa eine Stunde. Petersilie, Sellerie und Schinkenfett gut zu einer Paste verrühren.

Das Olivenöl in einem tiefen Topf erhitzen, die Zwiebel und die Sellerie-Petersilien-Mischung (und eventuell den Schweinebauch) dazugeben und braten, bis die Zwiebel weich ist. Das Tomatenmark unterrühren und etwa 6 Eßlöffel warmes Wasser zufügen, um das Püree zu verdünnen.

Die gekochten Bohnen abgießen und in den Topf rühren. So viel kochendes Wasser zugießen, bis sich eine Suppe ergibt – etwa 1 l. Dabei vorsichtig und langsam arbeiten, damit die Suppe nicht zu wäßrig wird. Das Brot im Ofen rösten und auf den Boden der Suppenterrine legen. Die Suppe noch 10 Minuten lang bedeckt kochen lassen, dann über das Brot gießen und servieren.

LA MES - CIUA

SUPPE AUS HÜLSENFRÜCHTEN

Diese Suppe wurde aus historischen Gründen aufgenommen. Das Originalrezept enthält nur getrocknete Maiskörner, Kichererbsen und Bohnen, die mit Käse abgeschmeckt werden – ich verwende frischen Mais und füge einige Geschmackszutaten hinzu. Diese Spezialität aus der Gegend um La Spezia stammt aus einer Zeit, in der es nicht genügend Mehl zum Brotbacken gab, nicht genug Bohnen oder getrockneten Mais für ein eigenes Gericht und natürlich auch nicht genug Fleisch, um es in einer Suppe zu verschwenden.

FÜR 6 PERSONEN

300 g getrocknete Kichererbsen
300 g getrocknete Cannellini-Bohnen
1 Teelöffel Soda
die Körner von 3 Maiskolben
Salz und frisch gemahlener schwarzer Pfeffer
1,2 l Brühe
1 Zwiebel, fein gehackt
4 Knoblauchzehen, zerdrückt
4 Eßlöffel Tomatenmark
frisch geriebener Parmesan

Die Hülsenfrüchte sorgfältig verlesen. Die Kichererbsen in eine große Schüssel geben, eine Prise Soda dazugeben und mit Wasser bedecken. Die Bohnen in einer anderen Schüssel ebenso einweichen und beides über Nacht stehen lassen. Die Aufschrift auf der Packung beachten: Es gibt inzwischen Kichererbsen, die schneller weich werden als Bohnen, bei anderen Arten trifft das Gegenteil zu.

Am folgenden Tag die Bohnen abgießen, waschen, in einen großen Topf geben und mit Wasser bedecken. 10 Minuten bei starker Hitze kochen, dann abgießen und zusammen mit der Zwiebel, dem Knoblauch, dem Tomatenmark, der Brühe und einer Prise Salz in einem großen Topf zum Kochen bringen. Die Kichererbsen abgießen und waschen und in einen separaten Topf geben. Nach 10 Minuten die Maiskörner zu den Kichererbsen geben. Beides etwa 30 Minuten kochen lassen, bis die Bohnen zerfallen und die Kichererbsen und die Maiskörner weich sind.

Die Kichererbsen-Mischung zu den Bohnen geben, dabei etwas von der Flüssigkeit dazugießen – es sollten insgesamt etwa 1,75 l sein. Würzen und bei geringer Hitze weitere 15 Minuten lang kochen lassen. Jeder kann seine Portion nach Geschmack mit frisch gemahlenem Pfeffer und Parmesan abschmecken.

SÄCKE MIT BOHNEN *Getrocknetes Gemüse kauft man in Italien am besten und billigsten direkt aus Säcken.*

CIPOLLATA

ZWIEBEL- UND TOMATENSUPPE

Diese sehr einfache Zwiebelsuppe mit Tomatenaroma aus Umbrien wird mit frischem Basilikum gewürzt und mit grüngoldenem Olivenöl angereichert. Wenn Sie frische Tomaten verwenden, deren Farbe nicht sehr intensiv ist, können Sie einen Eßlöffel Tomatenmark zugeben.

FÜR 4 PERSONEN

1 kg große Zwiebeln,
in dünne Scheiben geschnitten
50 g Schinkenfett, gewürfelt
1 Eßlöffel Olivenöl
7 frische Basilikumblätter, Salz und Pfeffer
400 g weiche, frische reife Tomaten, durch ein Sieb passiert,
oder passierte Tomaten aus der Packung
frisch geriebener Parmesan
2 Eier, verschlagen

Die Zwiebelscheiben mit kaltem Wasser bedecken und über Nacht einweichen, abgießen. Das Schinkenfett in Olivenöl 5 Minuten anbraten, die Zwiebeln und das Basilikum zugeben und mit Salz und Pfeffer würzen. Gut durchrühren, zudecken und langsam dünsten lassen, bis die Zwiebeln weich sind, aber noch keine Farbe angenommen haben.

Die passierten Tomaten hineinrühren und 1 l Wasser zugeben. Zugedeckt weitere 1½ Stunden köcheln lassen. Von der Flamme nehmen, mit Parmesan bestreuen und die Eier schnell unterschlagen. Die dicke und gehaltvolle Suppe mit getoastetem Brot oder Bruschetta – Brot, das mit Öl und Knoblauch geröstet wurde – und viel kräftigem Rotwein, wie zum Beispiel einem Colli del Trasimeno, servieren.

FAVATA

BOHNENSUPPE MIT SCHWEINEFLEISCH

Dies ist eine jener dicken, gehaltvollen und nahrhaften Suppen, die viel Zeit brauchen, um richtig gut zu werden – werden Sie nicht ungeduldig, selbst wenn Sie sie einen ganzen Tag oder eine Nacht lang köcheln lassen, sie wird nur besser. Geben Sie das Öl direkt vor dem Servieren dazu.

FÜR 6 PERSONEN

400 g getrocknete dicke Bohnen
400 g kleine Schweinekotelets
300 g italienische Schweinswürste
300 g Schweinebauch
Olivenöl
1 große Prise getrocknete Kräutermischung
2 frische Tomaten, geschält und gehackt
1 Selleriestange, gehackt
1 Zwiebel, gehackt
1 Karotte, gehackt
½ kleiner Wirsing, geschnitzelt
½ Fenchelknolle, gehackt
3 Knoblauchzehen, zerdrückt

Die Bohnen über Nacht einweichen, dann waschen. In einen großen Topf geben, mit Wasser bedecken und 5 Minuten bei starker Hitze kochen. Abgießen und waschen, dann bei jeder Bohne mit einem Schnitt an der Seite die Haut aufschneiden. Beiseite stellen.

Das gesamte Fleisch in kleine Stücke schneiden und mit ein wenig Olivenöl in eine tiefe, feuerfeste Kasserolle geben. Vorsichtig anbraten, bis es leicht gebräunt ist, dann Kräuter, Tomaten, Sellerie, Zwiebeln und die Karotte zufügen. Zu ⅓ mit Wasser aufgießen und bei niedriger Hitze gleichmäßig köcheln lassen.

Wenn die Gemüse gerade weich sind, die Bohnen und die übrigen Gemüse dazugeben. Gut umrühren, dann bedecken und 2½ Stunden weiterköcheln lassen. Von der Flamme nehmen, in Schalen füllen, in jeder Schale ½ Eßlöffel Olivenöl unterrühren und mit reichlich kräftigem Bauernbrot servieren.

FAVATA

PASTA, PIZZA, REIS, POLENTA

Hausgemachte Pasta, köstlich gefüllt, erfreut Auge und Gaumen; Pizza und Polenta sind herzhafte, sättigende Gerichte; und der unscheinbare Reis ist die Grundlage vieler köstlicher Risotto-Gerichte.

TORTA RUSTICA *links (S. 46)*
STRANGOLAPRIEVE *rechts (S. 40)*

Ich kann mir nur sehr wenige Gerichte vorstellen, die mehr Genuß bereiten als ein Teller mit dampfender Pasta und einer reichhaltigen, köstlichen Sauce. Und sicherlich ist im Winter nichts sättigender und wärmender als eine Scheibe Polenta, gekrönt von einem herrlichen kräftigen Schmorgericht. Im Sommer lassen pikante Pasteten, Kuchen und Pizze den Tischgenossen bei einem Essen im Freien das Wasser im Munde zusammenlaufen. Und auch aus Reis, diesem bescheidenen, unscheinbar aussehenden Getreide, lassen sich – mit den richtigen Zutaten – unzählige herrliche Gerichte zubereiten. Reis paßt immer, genauso zu Aal wie zu Rotwein oder Bohnen. Für den kleinen Appetit sind diese Gerichte schon eine vollständige Mahlzeit, aber ihrer Herkunft nach stellen sie nur ein Gericht in der Abfolge mehrerer Gänge dar – nach einem Antipasto aus luftgetrockneten Fleisch- und Wurstwaren und eingelegtem Gemüse und vor einem einfachen Mahl aus Fleisch und Gemüse oder Fisch, Käse- und Eiergerichten.

Bei fast allen Pasta-Rezepten in diesem Kapitel sollten sie den Teig selbst zubereiten. Für Anfänger bringt dies vielleicht zunächst gewisse Schwierigkeiten mit sich, aber ich kann Ihnen versichern, daß es mit ein wenig Übung wirklich sehr leicht ist. Wenn Sie das erste Mal einen Nudelteig herstellen, machen Sie sich am besten keine Gedanken darüber, wie er aussieht! Als Grundregel gilt: Achten Sie darauf, daß beim Ausrollen der Pasta-Teig überall gleich dick ist, damit die Pasta gleichmäßig gart, aus demselben Grund sollten die einzelnen Stücke auch ungefähr gleich groß sein. Verschließen Sie Pasta-Taschen sehr sorgfältig, damit die Füllung nicht ausläuft.

Polenta oder Maismehl kann man inzwischen fast überall bekommen, und ich bin ganz sicher, daß es immer mehr Verwendung finden wird! Abgepackte Polenta läßt sich schneller und leichter kochen – deshalb sollten Sie sie bei allen Rezepten verwenden, bei denen eine kurze Garzeit vorgesehen ist. Lose angebotene Polenta muß sehr langsam und ziemlich lange gekocht und dabei ständig umgerührt werden, um das ärgerliche Festsetzen am Topfboden und lästige Klumpenbildung zu vermeiden. Sie können gelbe oder weiße Polenta verwenden, die Entscheidung zwischen beiden ist einzig und allein eine Frage des persönlichen Geschmacks, obwohl Experten behaupten, daß zu Fisch die weiße Sorte besser paßt als die gelbe.

Die Konsistenz der Polenta ist ebenfalls eine Geschmacksfrage; vielleicht hilft es Ihnen, wenn Sie sich vorstellen, Sie würden Haferbrei zubereiten. Manche mögen sie lieber, wenn sie locker ist, andere bevorzugen festere Polenta. Es hängt ganz davon ab, was Sie dazu reichen wollen. Polenta ist eigentlich nur eine Beilage, aber lassen Sie nur einmal ein paar Scheiben cremigen, sehr reifen Gorgonzola auf kochend heißer Polenta zerschmelzen, und Sie werden einen unglaublich köstlichen Geschmack kennenlernen, der Sie jedes Käsebrot vergessen läßt! Übriggebliebene Polenta kann man kalt und fest werden lassen, in dicke Scheiben schneiden und diese in Olivenöl ausbraten, bis sie knusprig sind, oder rösten, bis die Außenseite schön dunkel ist.

Wenn Sie mehrmals Polenta zubereitet haben, werden Sie sicher anfangen, mit den Zutaten zu experimentieren und Polenta verschiedener Konsistenz herzustellen, bis Sie ihre ganz persönliche Variante gefunden haben. Als Kind bekam ich oft Polenta in einer Suppenschüssel mit warmer Milch und zum Abschluß einem Stich Butter darüber – nie wieder habe ich etwas so Gutes gegessen.

CASUMZIEEI AMPEZZANI

ROTE-BETE-RAVIOLI MIT MOHN

Diese ungewöhnliche Ravioli-Art aus Venetien wird mit rote Bete und Ricotta-Käse gefüllt und mit Mohn, Butter und geriebenem Käse garniert.

FÜR 4 PERSONEN

500 g rote Bete, in Salzwasser weichgekocht
130 g Butter
75 g Ricotta
Salz
4 große Eier
etwa 60 g Semmelbrösel
400 g Mehl
150–175 ml Milch
4 Teelöffel Mohn
frisch geriebener Parmesan

Die rote Bete schälen und zu einer weichen Masse zerdrükken. Ungefähr die Hälfte der Butter in einem Topf schmelzen, die rote-Bete-Masse zufügen und beides miteinander verrühren. Den Ricotta dazugeben und gut untermischen. Vom Feuer nehmen, in eine Schüssel geben und 2 Eier, ein wenig Salz und so viel Semmelbrösel hineinmischen, daß eine dicke, zähe Masse entsteht.

Das Mehl, die beiden übrigen Eier und so viel Milch wie nötig 10 bis 15 Minuten zu einem weichen Teig verkneten. Dann den Teig sehr dünn ausrollen und mit einem Ausstecher oder einem umgestülpten Weinglas gleich große Kreise ausschneiden. In die Mitte der Teigstücke ein wenig von der rote-Bete-Füllung geben, zusammenklappen und den Teigrand fest mit den Fingerspitzen andrücken.

Einen großen Topf mit Wasser zum Kochen bringen, die Ravioli hineingeben und 4 bis 5 Minuten kochen lassen, bis sie an die Oberfläche steigen. Mit einem Schaumlöffel die Ravioli herausnehmen und in eine vorgewärmte Schüssel füllen.

Inzwischen die restliche Butter in einer kleinen Pfanne zum Schmelzen bringen. Die Butter über die Ravioli schütten, den Mohn und nach Geschmack Parmesan darüberstreuen, das Ganze vorsichtig schütteln und die Ravioli sofort servieren.

TORTELLI CON PATATE

PASTA-TASCHEN MIT KARTOFFELFÜLLUNG

Diese Spezialität aus der Emilia Romagna wird mit einer Kartoffelfüllung zubereitet.

FÜR 4 PERSONEN

450 g Mehl
1 Ei
Salz
100 g Butter, in Würfel geschnitten
100 g frisch geriebener Parmesan

FÜLLUNG

800 g geschälte Kartoffeln
1 große Zwiebel, fein gehackt
4 Knoblauchzehen, fein gehackt
100 g durchwachsener Speck oder Pancetta, fein gehackt
Salz und frisch gemahlener schwarzer Pfeffer
150 g Ricotta
1 Prise geriebene Muskatnuß
1 Handvoll frisch geriebener Parmesan

Für die Füllung die Kartoffeln kochen, bis sie weich sind, zerdrücken und beiseite stellen. Zwiebel, Knoblauch und Speck oder Pancetta in einem Mixer zu einer einheitlichen Masse verarbeiten, aber nicht pürieren, dann braten, bis das Fett zerläuft und die Zwiebeln weich und glasig sind.

Die zerdrückten Kartoffeln mit Ricotta, Muskat, Parmesan, Salz und Pfeffer mischen und völlig abkühlen lassen.

Das Mehl mit einer Prise Salz auf den Tisch häufen, in die Mitte eine Mulde drücken und das Ei hineinschlagen. Wasser hinzufügen und zu einem glatten, elastischen Teig vermischen. Etwa 20 Minuten lang durchkneten.

Sobald sich der Teig elastisch anfühlt, kann er verarbeitet werden: So dünn wie möglich ausrollen und in Rechtecke von ungefähr 4 x 7 cm schneiden. In jedes Rechteck ein wenig von der Füllung geben und übereinanderschlagen. Die drei offenen Ränder mit einer Gabel zusammendrücken.

Einen großen Topf mit Salzwasser zum Kochen bringen, die Pasta hineingeben und ungefähr 4 Minuten kochen. Mit einem Schaumlöffel herausnehmen und in eine vorgewärmte Schüssel geben. Die Butterstücke über die Pasta verteilen und vorsichtig schütteln. Mit Parmesan bestreuen.

STRANGOLAPRIEVE

PFAFFENWÜRGER

Über dieses köstliche Gericht erzählt man, daß es nur dann aufgetischt wurde, wenn ein Priester zu Besuch kam. Da Priester damals angeblich entweder notorisch unterernährt oder sehr gefräßig waren, stopften sie sich dieses Essen so gierig hinein, daß sie beinahe daran erstickten!

FÜR 6 PERSONEN

570 g Mehl
200 g Weizengrieß
Salz und Pfeffer
450 g frische reife Tomaten, halbiert
1 Handvoll frische Petersilie
4 Zweige frisches Basilikum
1 große Stange Sellerie mit Grün, geviertelt
1 große Zwiebel, geviertelt
50 g Butter
frisch geriebener Parmesan

Mehl und Weizengrieß auf die Tischplatte häufen. In die Mitte eine Mulde drücken, dann eine Prise Salz und so viel warmes Wasser zufügen, daß man einen Teig kneten kann. (Dabei lieber ein wenig mehr Kraft anwenden als mehr Flüssigkeit zugeben!)

Kneten, rollen und zusammenfalten, bis ein glatter, elastischer Teig entsteht, der nicht weicher sein sollte als normaler Brotteig – besser sogar noch ein wenig fester. Dazu benötigt man ungefähr 20 bis 30 Minuten. Den Teig mit einem feuchten Tuch abdecken und ruhen lassen.

Tomaten, Petersilie, Basilikum, Sellerie, Zwiebel, Öl und Salz und Pfeffer in eine Kasserolle geben, zudecken und langsam köcheln lassen, bis die Tomaten zerfallen. Abkühlen lassen, durchpassieren. Umrühren und warmhalten, bis die Sauce gebraucht wird.

Fingerdicke Teigröllchen formen und in kleine Stückchen schneiden. Leicht mit dem Daumen eindrücken und auf dem Tisch hin und her bewegen. Einen großen Topf mit Salzwasser zum Kochen bringen, die Pasta hineingeben und 2 bis 3 Minuten kochen lassen. Die Nudeln herausnehmen, sobald sie an die Oberfläche kommen. Die warme Tomatensauce darübergießen, dann die Butter und reichlich frisch geriebenen Parmesan hinzugeben. Alles ein wenig schütteln und sofort servieren.

PANSOTTI AU PREBOGGION CON SALSA DI NOCI

WILDKRÄUTERRAVIOLI MIT WALNUSS-SAUCE

Preboggion ist eine Mischung aus wilden Kräutern, die es auf den Genueser Märkten zu kaufen gibt. Traditionsgemäß gehören dazu Borretsch, Liebstöckel, Löwenzahn, Sauerampfer, wilder Chicoree, wilde Zwiebel und wilder Kerbel, aber man kann die Mischung auch beliebig mit anderen Kräutern ergänzen. Um das gleiche Ergebnis zu bekommen, sollten Sie so viele frische Gartenkräuter und wildwachsende Kräuter verwenden, wie verfügbar sind. Sowohl die Ravioli als auch die Sauce sind herrlich schmackhaft.

FÜR 4 PERSONEN

FÜLLUNG
1 kg gemischte frische Kräuter und sehr junger Spinat
150 g Ricotta
50 g frisch geriebener Parmesan
2 Eier, leicht geschlagen
1 Knoblauchzehe, fein gehackt
Salz

SAUCE
450 g geschälte Walnüsse
75 g altbackenes Brot, in kaltem Wasser eingeweicht
1 Knoblauchzehe
Salz
4 Eßlöffel Sauermilch
4 Eßlöffel Olivenöl
3 Eßlöffel Butter
8 Eßlöffel geriebener Parmesan

PASTA
400 g Mehl
ca. 120 ml kaltes Wasser
2 Teeloffel Weißwein

ZUM GARNIEREN
frisch geriebener Parmesan
Butter

HAUSGEMACHTE RAVIOLI

Für die Füllung Kräuter und Spinat blanchieren, ausdrücken. In einem Mixer oder einer Küchenmaschine zu einer weichen, grünen Paste zerhacken. Käse, Eier und Knoblauch daruntermischen. Mit Salz abschmecken.

Die Nüsse eine halbe Minute lang blanchieren und die Haut ablösen. Das Brot ausdrücken. Die Nüsse zusammen mit dem Knoblauch und einer Prise Salz in einem Mixer oder einer Kräutermühle mahlen. (Wenn Sie eine Küchenmaschine benutzen, müssen Sie die Nüsse anschließend in einem Mörser zerdrücken.) Nach und nach das ausgedrückte Brot und, falls die Masse zu fest ist, ein wenig saure Milch hinzufügen. Zu einer weichen Masse verarbeiten und in eine Schüssel passieren. Die saure Milch und das Öl unterrühren (die Menge hängt davon ab, welche Konsistenz Sie bevorzugen), abschmecken und Gewürze hinzufügen. Die Sauce sollte Zimmertemperatur haben.

Für die Pasta das Mehl auf den Tisch häufen. In die Mitte eine Mulde machen und das Wasser und den Wein hineingießen. Das Mehl mit der Flüssigkeit vermischen und zu einem glatten, weißen Teig verkneten. Beiseite stellen und eine Weile unter einem sauberen, feuchten Tuch ruhen lassen.

Den Teig so dünn wie möglich ausrollen und in Dreiecke mit einer Seitenlänge von ca. 7,5 cm schneiden. Auf jedes Dreieck in die Mitte ein wenig von der Füllung geben, zusammenfalten, so daß ein kleineres Dreieck entsteht, und fest mit den Fingerspitzen zusammendrücken (die Täschchen müssen gut verschlossen sein, sonst könnte die Füllung beim Kochen auslaufen).

Die Pasta ca. 4 Minuten in kochendem Salzwasser garen, abtropfen lassen und die Sauce darübergeben. Vorsichtig mischen und mit Parmesan und Butterstückchen bestreut servieren.

CAVATIEDDI CON LA RUCOLA

KLEINE PASTA-MUSCHELN MIT RAUKE

Cavatieddi sehen aus wie kleine Muscheln aus Nudelteig. In diesem Rezept werden sie mit Rauke zubereitet, die ihnen den charakteristischen Geschmack verleiht, und mit einer einfachen Tomatensauce serviert. Sowohl die Farbkombination von Rot, Weiß und Grün als auch die ungewöhnliche Form der Pasta verleihen diesem Gericht einen besonderen Reiz.

FÜR 4 PERSONEN

100 g Weizengrieß
200 g Mehl
lauwarmes Salzwasser
1 große Zwiebel, fein gehackt
2 Stangen Sellerie, fein gehackt
1 Knoblauchzehe, fein gehackt
1 Karotte, fein gehackt
2 Eßlöffel Olivenöl
500 ml Passata oder durchpassierte Tomaten
Salz und Pfeffer
450 g Rauke, gewaschen, oder Spinat, gehackt
frisch geriebener Pecorino zum Abschmecken

Weizengrieß und Mehl vermischen und zweimal auf den Tisch sieben, aufhäufen und eine Mulde in die Mitte drükken. Ein wenig lauwarmes Wasser hineingießen und etwa 25 Minuten kneten, mit einem feuchten Tuch zudecken.

Zum Formen der Pasta kleine Teigstücke abtrennen, den restlichen Teig wieder zudecken. Jedes Stück zu einer Rolle mit einer Länge von 30 bis 40 cm formen. Sie sollte nicht dikker als 1 cm sein. Der Teig muß möglichst schnell verarbeitet werden, damit er nicht austrocknet. Wenn die Teigrolle die richtige Länge und Dicke hat, mit einem scharfen Messer in Scheiben schneiden. Die Messerspitze in die Mitte der Scheibe drücken und ein wenig drehen, bis eine leicht konkave Form entsteht. Früher wurde die Pasta dabei über die Holzmaserung einer rauhen Tischplatte gerollt, wodurch auf der Außenseite Rillen entstanden. Die Pasta-Stücke sollten aussehen wie kleine Muscheln.

Wenn so der ganze Teig gerollt und geformt ist, die Cavatieddi offen stehen und über Nacht trocknen lassen. Einmal wenden, damit auch die Unterseite trocknet. Sobald die Muscheln vollkommen ausgetrocknet sind, können sie in Wasser gekocht werden.

Am nächsten Tag die Zwiebel, den Sellerie, den Knoblauch und die Karotte im Öl anbraten, bis die Zwiebel weich und glasig ist. Die Tomatensauce hineingeben und umrühren. Mit Salz und Pfeffer würzen, zudecken und ungefähr 30 Minuten schmoren lassen. Die Rauke in eine Kasserolle geben, mit kaltem Wasser bedecken, eine Prise Salz hinzugeben und kurz kochen, bis sie gar ist. Noch einmal die gleiche Menge Wasser zugeben, zum Kochen bringen und die Pasta hineingeben. »Al dente« garen.

Die Pasta mit der Rauke abtropfen lassen, in eine vorgewärmte Schüssel umfüllen, die Tomatensauce darübergeben, sorgfältig vermischen, mit Pecorino bestreuen und servieren. Alternativ kann man auch einfach 3 Knoblauchzehen und 2 gesalzene Sardellen in 115 ml Olivenöl braten und über die Cavatieddi geben.

PASTA CON SUGO DI LEPRE

PASTA MIT HASENSAUCE

In Sardinien ist Pasta asciutta weit verbreitet. Während der Jagdaison werden die Saucen oft mit Wildschwein, Hase oder anderem Wild aus der jeweiligen Gegend zubereitet. In den alten Rezepten ist das Blut ein wesentlicher Bestandteil des Gerichts, und im Idealfall verwendete man ein gerade erlegtes Tier, das man selbst aufhängen und anschließend häuten und ausnehmen konnte. Falls Sie dies jedoch nicht selbst übernehmen wollen, bestellen Sie im voraus bei Ihrem Metzger einen zerlegten Hasen oder ein zerlegtes Kaninchen und bitten ihn, das Blut für Sie gesondert aufzuheben.

FÜR 4 PERSONEN

75 g durchwachsener Speck
75 ml Olivenöl
1 kleiner Hase oder 1 kleines Kaninchen, in 8 Teile zerlegt, mit Blut
2 große Zwiebeln, in dünne Scheiben geschnitten
2 große Knoblauchzehen, zerdrückt
1 Eßlöffel Mehl
1 Flasche kräftiger Rotwein
Salz und Pfeffer
einige Nelken
1 große Prise Zimt
1 große Prise getrocknete Kräutermischung
1 Bouquet garni
400 g Spaghetti
frisch gemahlener sardischer Pecorino zum Abschmecken

Den Speck mit dem Öl in einem Schmortopf braten, dann den Hasen zufügen und von allen Seiten anbräunen. Die Zwiebeln und den Knoblauch zugeben und einige Minuten braten, bis die Zwiebeln goldbraun und weich sind.

Das Mehl einstreuen und 5 Minuten anschwitzen, dann den Wein hineingießen. Nach Geschmack Pfeffer und Salz, getrocknete gemischte Kräuter und Bouquet garni hinzugeben. Zugedeckt etwa 1½ Stunden schmoren.

Einen großen Topf mit Salzwasser zum Kochen bringen, die Spaghetti hineingeben und »al dente« garen. Abtropfen lassen und in eine warme Schüssel geben.

Die Fleischsauce über die Pasta gießen und nach Belieben mit geriebenem Pecorino vermischen. Auf 4 Teller verteilen und obenauf je 2 Fleischstücke legen. Sofort servieren. Sie können auch zunächst nur die Spaghetti mit der Sauce und anschließend den Hasen mit Gemüse und Kartoffeln oder Salat als zweiten Gang reichen.

Statt Spaghetti können auch breite Bandnudeln verwendet werden. In der Toskana ist dieses Gericht sehr beliebt, im nördlichen Teil des Landes dagegen sind berühmte Pasta-Gerichte seltener. Bei Pappardelle con la lepre werden breite hausgemachte Nudeln mit einer Hasen-Rotwein-Sauce serviert, die der hier beschriebenen Sauce sehr ähnlich ist.

ROTE ZWIEBELN *Diese Zwiebelsorte bildet die farbenprächtige Garnierung der* FITASCETTA *(S. 48).*

MORGENDÄMMERUNG IN EINEM OLIVENHAIN *(S. 44) Der Besitzer dieses gepflegten Hains trägt ein Gewehr bei sich, um diebische Vögel zu verjagen.*

FITASCETTA

PIZZABROT MIT ROTEN ZWIEBELN

Dieses flache, duftende, pikante Pizzabrot sollten Sie mit verschiedenen Salamisorten und reichlich gekühltem Weißwein servieren.

FÜR 4 PERSONEN

PIZZA
325 g Mehl
1 Prise Salz
15 g Hefe, in warmem Wasser aufgelöst, an einem warmen Ort gehen lassen
450 g rote Zwiebeln, in feine Scheiben geschnitten und etwa 10 Minuten in kaltes Wasser gelegt
50 g Butter
Salz und Pfeffer
Olivenöl
1 großer Zweig frischer Rosmarin
1 Eßlöffel brauner Zucker oder 1 Eßlöffel grobes Salz

Bis auf 3 Eßlöffel das gesamte Mehl auf die Tischplatte geben. Eine Mulde in die Mitte drücken und Salz und Hefe hineingeben. Vermischen und mit so viel Wasser verkneten, daß ein glatter, elastischer Brotteig entsteht. Das restliche Mehl auf die Tischplatte und die Handflächen stäuben. Wenn der Teig glatt und gut durchgearbeitet ist, mit einem Tuch abdecken und an einen warmen Ort stellen, bis er sich verdoppelt hat – eine Stunde oder mehr.

Die Zwiebeln abtropfen lassen und so langsam wie möglich in der Butter glasig dünsten. Mit Salz und Pfeffer würzen.

Den Teig kurz mit ein wenig warmem Wasser verkneten, zu einer langen Rolle formen, dann zu einem Kreis biegen, wobei das Loch in der Mitte so groß wie möglich sein sollte. Ein Backblech mit Öl bestreichen und den Kreis darauflegen, dabei den Teig leicht flachdrücken.

Die Zwiebeln über den ganzen Teig verteilen und darauf achten, daß sie nicht in das Loch in der Mitte fallen! Den Rosmarinzweig in kleine Stücke teilen und diese in gleichmäßigen Abständen in den Teig stecken. Zucker oder Salz darüberstreuen und bei mäßiger Hitze (200° C, Gas Stufe 3) 30 Minuten backen. Warm oder kalt servieren.

FITASCETTA

PITTA CHICCULIATA

KALABRISCHE PIZZA

Bei dieser Variante ist der Belag von Teig umhüllt. Als Füllung kann alles mögliche dienen, von Basilikum, Tomaten und Oliven bis zu Wurst und Käse.

FÜR 4 PERSONEN

450 g Mehl, etwas Mehl zum Kneten
1 Prise Salz
20 g frische Hefe, in etwas warmem Wasser aufgelöst, an einem warmen Ort gehen lassen
1 große Knoblauchzehe, Olivenöl
1 kg frische reife Tomaten, gehäutet, entkernt und kleingeschnitten
50 g gesalzene Sardellen, gewaschen und filetiert
50 g gesalzene Kapern, gewaschen
100 g schwarze Oliven, entsteint und gehackt
200 g Thunfisch in Öl
100 g Schweineschmalz in Flöckchen
2 Eigelb, verschlagen

450 g Mehl auf die Tischplatte geben. In die Mitte eine Mulde drücken und das Salz und die Hefe hineingeben. Vermischen und mit so viel Wasser verkneten, daß ein glatter, elastischer Brotteig entsteht, dabei immer wieder Tischplatte und Handflächen mit Mehl bestäuben. Wenn der Teig glatt und gut durchgearbeitet ist, mit einem Tuch zudecken und an einen warmen Ort stellen, bis er die doppelte Größe erreicht hat. Inzwischen den Knoblauch in etwas Öl braten, die Tomaten und noch ein wenig Öl zugeben, kurz aufkochen lassen und vom Feuer nehmen. Sardellen, Kapern und Oliven hinzufügen, dann den Thunfisch hineinpflücken und alles gut vermischen.

Wenn der Teig die doppelte Größe erreicht hat, auf dem Tisch flachdrücken und drei Viertel von dem Schweinefett hineinkneten. Einen Teelöffel Eigelb beiseite stellen, den Rest in den Teig kneten. Gut durchkneten, dann ein Drittel abreißen, so daß man ein großes und ein kleines Stück hat.

Eine Backform von 25 cm Durchmesser mit dem Öl einpinseln und mit dem größeren Teigstück auslegen. Mit der Tomatenmischung belegen und mit dem dünn ausgerollten zweiten Teigstück zudecken. Den Rand sorgfältig zusammendrücken, mit dem verschlagenen Eigelb und dem restlichen Schweineschmalz einstreichen. An einem warmen Ort 30 Minuten gehen lassen. Bei mäßiger Hitze (180° C, Gas: Stufe 2) 25 bis 30 Minuten backen. Die Pizza heiß servieren, eventuell grünen Salat dazu reichen.

HERSTELLUNG VON TOMATENMARK *Passierte Tomaten werden in der Sonne getrocknet und erhalten einen konzentrierten, intensiven Geschmack.*

RISOTTO RUSTI

RISOTTO MIT BORLOTTI-BOHNEN UND ROTWEIN

Die Bewohner der Lombardei sind richtige Spezialisten, was Risotto und Rotwein betrifft. Dieser wunderbare bäuerliche Risotto wird mit Schweinefett, Bohnen, Zwiebeln und Rotwein zubereitet – zu meinen Lieblingssorten gehören Botticino, Buttafuoco oder Oltrepò Pavese Barbera.

FÜR 4 PERSONEN

700 ml Gemüse-, Hühner- oder Rindsbrühe, eventuell auch mehr
100 g Schweinefett, Butter oder Schinkenfett
1 große Ziwebel, fein gehackt
300 g Risotto-Reis
1 großes Glas Rotwein (ungefähr 150 ml)
Salz und Pfeffer
200 g Borlotti-Bohnen (frisch, getrocknet oder aus der Dose)
50 g Butter
50 g frisch geriebener Parmesan

Die Brühe zum Köcheln bringen. In einem großen Topf das Schweinefett, die Butter oder das Schinkenfett erhitzen, dann die Zwiebel hineingeben und vorsichtig garen, bis die Zwiebel glasig, goldgelb und weich ist. Den Reis hinzufügen und vorsichtig braten. Dabei umrühren, so daß sich das Fett gut verteilt.

Den Rotwein hineingießen, umrühren und 5 Minuten kochen lassen. Mit Salz und Pfeffer würzen. Abwechselnd Brühe und Bohnen dazugeben: Einen Schöpflöffel Brühe und dann einen großen Löffel Bohnen einrühren. Der Reis sollte die Brühe aufgesogen haben, bevor die nächste Portion hineingegeben wird. So oft Brühe einrühren, bis der Reis fast gar ist – er braucht etwa 25 Minuten. Vom Feuer nehmen und die Butter und den Parmesankäse hineinrühren. Zudecken und 2 bis 3 Minuten ruhen lassen, dann in eine Schüssel geben und servieren.

RISO ALLA SICILIANA

SIZILIANISCHER REIS

Dieses köstliche Reisgericht ist typisch für die sizilianische Küche. Es sollte lauwarm serviert und niemals tiefgefroren werden. Wenn Sie möchten, können Sie noch mehr in Olivenöl gebratene und mit Majoran gewürzte Tomaten dazugeben. Zusammen mit anderen Gemüsegerichten paßt es gut zu einem sommerlichen Buffet. Wie bei vielen sizilianischen Gerichten ist es auch hier wichtig, daß die drei Hauptbestandteile aufeinandergeschichtet werden. Wenn man sie vermischt, geht der ganze Charakter des Gerichts verloren.

FÜR 4 PERSONEN

1 große gesalzene Sardelle oder 2 Sardellen-Filets
300 g Langkornreis
1 Zwiebel, fein gehackt
etwa 5 Eßlöffel Olivenöl
1 Eßlöffel Weißweinessig
1 Glas Weißwein (etwa 150 ml)
Saft von 3 Zitronen
1/2 Teelöffel Senf
1/2 Teelöffel Tomatenmark
3 feste reife Tomaten, halbiert, entkernt und gewürfelt
50 g schwarze Oliven, entsteint
1 große Prise getrockneter Majoran

Eine große Kasserolle mit Salzwasser zum Kochen bringen. Einen Teller auf den Topf legen, die Sardelle auf den Teller legen und mit einer Gabel zerdrücken. Durch die Hitze wird sie schnell weich. Wenn die Sardelle zerfallen ist, den Teller vom Topf nehmen und den Reis ins Wasser geben. Kochen, bis er gar ist.

Inzwischen in einem kleinen Topf die Zwiebel in 2 Eßlöffeln Olivenöl dünsten. Wenn die Zwiebel goldbraun und weich ist, den Essig darübertröpfeln und 2 Minuten ausdampfen lassen. Wein, Zitronensaft, Sardelle und Tomatenmark hinzugeben. Sorgfältig vermischen und anschließend passieren, so daß eine glatte Sauce entsteht.

Den Reis abtropfen lassen und auf einer vorgewärmten Platte verteilen. Die Sauce darübergießen und mit etwas Salz und Pfeffer bestreuen. Während der Reis leicht abkühlt, die Tomatenwürfel schnell in etwa 3 Eßlöffeln Olivenöl braten – 1 Minute lang. Dann Oliven und Majoran daruntermischen. Über den Reis und die Sauce gießen und anschließend servieren.

BRUDERA

RISOTTO MIT BRÄT

Die rustikalen Gerichte, für die frisches Schweineblut benötigt wird, kann man nur zubereiten, wenn man in der Nähe eines Schweinebauern wohnt oder tapfer genug ist, selbst zum Schlachthaus zu gehen. Dies mag zwar abstoßend klingen, aber die Gerichte sind wirklich köstlich.

FÜR 4 BIS 6 PERSONEN

1/4 Suppenhuhn oder die entsprechende Menge Hühnerklein
450 g Schweinerippchen (so fleischig wie möglich)
1 Zwiebel, in feine Scheiben geschnitten
100 g Butter, Salz
75 g italienisches Brät
frisch gemahlener schwarzer Pfeffer
400 g Risotto-Reis
1 Glas frisches Schweineblut (etwa 125 ml), Zimmertemperatur (fakultativ)
frisch geriebener Parmesan zum Servieren

Das Suppenhuhn oder das Hühnerklein und die Rippchen mit etwas Salz und 1,5 Liter Wasser in einen großen Topf geben und langsam zum Kochen bringen, dann etwa 2 Stunden köcheln lassen. Das Fleisch herausnehmen und abkühlen lassen; die Brühe warmhalten.

Die Hälfte der Zwiebel und das Brät in 50 g Butter anbraten. Das Fleisch von den Schweinerippchen und dem Huhn abschaben und einmal durchdrehen oder fein hacken, dann mit der Zwiebel und dem Brät vermischen. Mit schwarzem Pfeffer würzen. Zudecken und 15 Minuten schmoren. Die andere Hälfte der Zwiebel in der restlichen Butter weichdünsten. Den Reis dazugeben und gut umrühren. Leicht anbraten und die heiße Brühe löffelweise zugeben. Dabei jedes Mal in den Reis einrühren. Nach 15 Minuten gegebenenfalls das Blut unterrühren oder das gegarte Fleisch mit der Zwiebel dazugeben. (Falls sie Blut verwenden, das Fleisch in diesem Stadium noch nicht dazugeben.) Noch ein wenig Brühe hinzufügen und die letzten 5 Minuten kochen lassen. Herausnehmen und auf eine Platte geben, das Fleisch darüber verteilen, falls es noch nicht untergemischt worden ist, und mit Parmesan servieren. Falls Sie das Blut verwenden, werden Sie feststellen, daß das Gericht eine herrlich ziegelrote Farbe und einen völlig anderen Geschmack bekommt. Mit einer guten Flasche Barolo oder Barbaresco servieren.

RISO ALLA SICILIANA

RISI E BISATO

RISOTTO MIT AAL

Dieser vorzügliche Risotto mit Aal stammt aus Venetien. Servieren Sie dazu einen Piave Verduzzo.

FÜR 4 PERSONEN

300 g frischer Aal (Fluß- oder Seeaal)
1 Handvoll frische Petersilie
2 Knoblauchzehen
7 Eßlöffel Olivenöl, Salz
1 kleines Lorbeerblatt
2 Teelöffel Zitronensaft, eventuell auch mehr
300 g Risotto-Reis
750 ml Gemühsebrühe
frisch gemahlener schwarzer Pfeffer
8 Eßlöffel gekochte Erbsen (nach Belieben)
Zitronenspalten zum Garnieren

Den Aal häuten, ausnehmen und waschen, anschließend in kurze Stücke schneiden. Die Petersilie und den Knoblauch zusammen hacken, mit dem Öl in einen Topf geben und vorsichtig erhitzen. Aal, Salz, Lorbeerblatt und Zitronensaft hinzufügen, zudecken und etwa 10 Minuten schmoren. Den Reis und die Hälfte der Brühe hineinrühren, unter ständigem Rühren weiterkochen lassen. Sobald die Flüssigkeit eingekocht ist, weitere Brühe hinzufügen, bis der Reis gar ist. Den Topf vom Feuer nehmen, reichlich schwarzen Pfeffer und gegebenenfalls gekochte Erbsen unterrühren. Zugedeckt 2 Minuten stehenlassen.

Zum Servieren hügelförmig oder wie einen flachen Kuchen anrichten und mit Zitronenstückchen garnieren.

POLENTA SULLA SPIANATORA

TISCHPOLENTA

Die Ursprünge dieses Gerichts verlieren sich im Nebel der Vergangenheit, aber vielleicht paßt es gerade in seiner symbolischen Bedeutung besonders gut in unsere Zeit. Die Polenta wird auf dem Tisch serviert, und jeder bedient sich selbst. Allmählich verwandelt sich die Polenta in eine kleine Landschaft mit Hügeln und Tälern, wenn jeder versucht, die besten Stücke herauszupicken. Ganz zum Schluß berühren sich schließlich alle Gabeln – ein Symbol der Freundschaft und Brüderlichkeit. Es macht sehr viel Spaß, so zusammen zu essen – Sie werden es selbst feststellen, wenn Sie es ausprobieren. Am besten eignet sich dazu ein alter Tisch, der bereits die Spuren von unzähligen Mahlzeiten trägt, die darauf mit Liebe und Sorgfalt zubereitet und verzehrt wurden.

FÜR 8 PERSONEN

1 große Zwiebel, gehackt
1 große Karotte, gehackt
1 große Stange Sellerie, gehackt
3 Knoblauchzehen, gehackt
1 Handvoll frische Petersilie und Basilikum, gemischt
5 Eßlöffel Olivenöl
1 Liter Passata oder passierte Tomaten
16–20 Würstchen (vorzugsweise italienische)
Salz und Pfeffer
450 g Polenta (gelber Maisgrieß)
1,75 Liter kochendes Wasser

Das Olivenöl in einen großen Topf geben und Zwiebel, Karotte, Sellerie, Knoblauch und Kräuter darin braten, bis die Zwiebel glasig ist. Passata hineingießen, die Würste hinzufügen und mit Salz und Pfeffer abschmecken. Zudecken und etwa 1½ Stunden schmoren lassen.

Nach einer Stunde den Maisgrieß in einem dünnen Strahl in einen großen Topf mit kochendem Wasser schütten. Unter ständigem Rühren etwa 30 Minuten garen, wobei sich auf der Oberfläche Blasen bilden sollten. Die Polenta ist gar, wenn sie sich vom Topfrand löst.

Die Polenta direkt auf den Tisch stürzen, genau in die Mitte. Ein wenig ausbreiten, dann die Wurstmischung darübergeben und ein wenig verteilen. Jeder bekommt eine Gabel und bedient sich selbst.

POLENTA PASTISSADA

POLENTA NACH LASAGNE-ART

Polenta ist ein Haupterzeugnis des nördlichen Italien und dort so beliebt wie Pasta im Süden. Hier ist das Grundrezept für die Zubereitung. In vielen Haushalten ist immer genug kalte Polenta zum Braten oder als Ergänzung für andere Gerichte vorhanden. Dieses alte traditionelle Bauerngericht aus Venetien sieht aus wie ein wunderbarer goldener Kuchen. Die Polenta wird in Scheiben geschnitten und schichtweise mit einer Sauce aus Tomaten, Kalbfleisch, Käse und Butter zubereitet und wie Lasagne gebacken.

FÜR 8 PERSONEN

340 g Polenta (gelber Maisgrieß)
1,2 Liter kochendes Wasser

SAUCE

20 g getrocknete Porcini (oder andere getrocknete Pilze)
1 Zwiebel, gehackt
1 Karotte, gehackt
1 Stange Sellerie, gehackt
150 g Butter
150 g Rindersteak, in Würfel geschnitten
½ Glas trockener Weißwein (etwa 75 ml)
225 g frische reife Tomaten, gehäutet, entkernt und gehackt
½ Teelöffel Tomatenmark
Salz und Pfeffer
75 g Parmesan
75 g Hühnerleber, gesäubert und gehackt

In einem großen Topf die Polenta in das kochende Wasser schütten, schnell umrühren, so daß eine glatte Masse entsteht. 30 Minuten kochen lassen, dabei fast ständig rühren, bis sich die Polenta vom Topfrand löst. Auf ein Brett stürzen und leicht fest werden lassen. Wenn die Masse abgekühlt und fest ist, in 1 cm dicke Streifen schneiden.

Die getrockneten Pilze mit lauwarmem Wasser bedecken und etwa 15 Minuten einweichen lassen. Inzwischen gehackte Zwiebel, Karotte und Sellerie mit etwa einem Drittel der Butter in einen Topf geben und braten, bis alles weich ist. Das Fleisch hinzugeben und rundherum anbräunen. Wein hineingießen und rasch aufkochen, etwa 5 Minuten kochen lassen, damit der Alkohol verdampfen kann. Die Tomaten und das Tomatenmark dazugeben, abschmecken und umrühren. Zudecken und 30 Minuten schmoren.

KÜCHENUTENSILIEN *Naturmaterialien wie Holz, Kupfer und Gußeisen werden in der Küche bevorzugt. Eine gute Ausrüstung wird von Generation zu Generation weitergegeben.*

Die Pilze abtropfen lassen, durchschneiden, falls sie zu groß sind, und 30 Minuten mitgaren. Den Parmesan hobeln. Die Hühnerleber schnell in etwa 30 g Butter garen.

Eine feuerfeste Form buttern. Auf den Boden eine Lage Polenta-Scheiben geben, ein wenig Sauce darübergießen und ein paar Käseflocken darauf verteilen. Mit einer weiteren Lage Polenta-Scheiben bedecken, mit Butterflocken und ein wenig Hühnerleber belegen, Parmesan obenauf geben. Mit einer weiteren Lage bedecken.

Auf diese Weise fortfahren – Fleisch, Tomatensauce und Parmesan oder Hühnerleber, Butter und Parmesan, zum Schluß eine Lage Parmesan und Butter. Im heißen Ofen (200° C, Gas: Stufe 3) 20 bis 25 Minuten backen. Zusammen mit einem körperreichen Rotwein servieren.

POLENTA DI PATATE

KARTOFFEL-POLENTA

Dieses Rezept ist etwas ungewöhnlich, weil die Polenta hier nicht gekocht, sondern einfach mit gekochten, zerdrückten Kartoffeln vermischt wird. In einer Bauernfamilie würde man für acht Personen etwa 3 kg Kartoffeln benötigen, und die Sauce wäre weniger reichhaltig!

FÜR 5 BIS 6 PERSONEN

1,5 kg weiße, mehlige Kartoffeln
Salz und Pfeffer
4 Eßlöffel Polenta (gelber Maisgrieß)
1 große Zwiebel, in dünne Scheiben geschnitten
30 g Butter
Öl
300 g dick geschnittener durchwachsener Speck, gewürfelt
etwa 300 g Mozzarella, Emmentaler oder Stracchino, in Würfel geschnitten

Die Kartoffeln in Salzwasser kochen. Mit dem Kartoffelstampfer zerdrücken, am besten in einer Kupferschüssel, auf jeden Fall aber in einer Metallschüssel.

Wenn die Masse glatt ist, Polenta langsam zugeben und weiter stampfen, bis die Kartoffeln sich vom Rand lösen. Dies dauert für gewöhnlich etwa 30 Minuten. Um die Polenta warm zu halten, die Schüssel beim Stampfen entweder bei niedrigster Temperatur auf dem Herd lassen oder alle paar Minuten auf die Feuerstelle zurückstellen. Wenn möglich, die erste Variante wählen.

In einem anderen Topf die Zwiebeln mit der Butter und dem Öl braten, bis sie goldbraun sind, dann den Schinken dazugeben und knusprig braten. Wenn die Polenta glatt und sehr heiß ist, die Käsewürfel und die gebratenen Zutaten in die Metallschüssel geben und gut mischen. Das Ganze auf ein großes Holzbrett stürzen und glattstreichen.

Vor dem Servieren die Polenta mit einem langen, dicken, sauberen, weißen Faden zerteilen, als würde man mit einem Draht Käse zerteilen. In große Stücke schneiden, auf jeden Teller ein Stück legen und mit einer Schüssel eingelegtem Gemüse und gekochten Bohnen in einer Vinaigrette servieren.

CANEDERLI DI FEGATO

LEBERKNÖDEL

Eigentlich ist dies kein Pasta-Gericht, aber jeder Italiener würde Verständnis dafür haben, daß es in diesem Kapitel steht, da es wie so viele gefüllte Pastavarianten »in brodo« gekocht und serviert wird. Als traditionelles Getränk wird zu diesen Knödeln ein Rosé-Wein gereicht. Ich empfehle den lieblichen Casteller aus den Weingütern der Provinz Trient im Norden Italiens, wo man dieses Gericht besonders gerne ißt.

FÜR 6 PERSONEN

450 g Weißbrot am Stück (2–3 Tage alt)
400 g Kalbs- oder Hühnerleber
1 Handvoll frische Petersilie, fein gehackt
1 Stange Sellerie, fein gehackt
1 kleine Zwiebel, fein gehackt
1 Zweig frischer Majoran, fein gehackt
Salz und Pfeffer
1 Prise geriebene Muskatnuß
geriebene Schale einer Zitrone
1 Eßlöffel Olivenöl
2 Eier
200 g Mehl
100 ml Milch
1,5 Liter kräftige Fleisch- oder Gemüsebrühe

ZUM TROCKNEN AUFGEHÄNGTER MAIS *Getrockneter Mais war früher Bestandteil der Bauernküche. Heute wird er hauptsächlich als Hühnerfutter verwendet. Mit Mais gefütterte Hühner schmecken besonders gut!*

Das Brot fein würfeln. Die Leber durch den Fleischwolf drehen. Gemüse, Kräuter, Brot und Leber miteinander vermischen. Mit Salz, Pfeffer und Muskatnuß würzen. Dann Zitronenschale, Olivenöl und Eier hinzufügen und sorgfältig umrühren. Das Mehl und die Milch zugeben und kräftig verrühren, bis eine dicke, glatte Masse entsteht.

Einen großen Topf mit Wasser zum Kochen bringen, den Teig zu Kugeln in der Größe einer Babyfaust formen. Ins Wasser gleiten lassen und vorsichtig 20 Minuten kochen.

Inzwischen die Brühe erhitzen. Wenn die Knödel gar sind, die Brühe auf 6 Suppentassen verteilen. Die Knödel mit einem Schaumlöffel aus dem Wasser nehmen und auf die 6 Tassen verteilen. Sofort mit ein wenig Petersilie und Majoran servieren, bei Bedarf noch etwas Brühe hinzufügen.

GRANO AL RAGU

MAIS MIT FLEISCH UND TOMATENSAUCE

Dies war ursprünglich ein preiswertes Bauerngericht, das aus getrocknetem Mais zubereitet wurde. Der Mais wurde 12 Stunden eingeweicht und in frischem Wasser 3 bis 4 Stunden gekocht, bis er weich war. Dann wurde er mit Sauce serviert. Das Fleisch aus der Sauce kann getrennt und mit Gemüse oder Salat als zweiter Gang serviert werden.

FÜR 6 PERSONEN

6–8 Maiskolben oder 1,2 kg gefrorene Maiskörner,
oder Mais aus der Dose, abgetropft
50 g frische Petersilie
2 Knoblauchzehen
1 große Prise Chilipulver
1 große Prise geriebene Muskatnuß
115 g Pecorino oder Parmesan
570 g Schweinesteak am Stück
3 große Scheiben durchwachsener Speck
2 Eßlöffel Olivenöl
1 Eßlöffel Schweinefett, ausgelassen
½ Glas Rot- oder Weißwein (etwa 75 ml)
450 g Tomaten aus der Dose, entkernt
Salz und Pfeffer

Petersilie und Knoblauch fein hacken, dann Chili und Muskatnuß untermischen. 30 g Pecorino in kleine Würfel schneiden und ebenfalls hinzufügen. Das Schweinefleisch so flach wie möglich klopfen, dann die Mischung darüber verteilen. Mit dem Speck bedecken, wie eine Roulade zusammenrollen und mit einem dünnen Faden fest zusammenbinden.

In einer Kasserolle Öl und Schweinfett erhitzen und das Fleisch auf allen Seiten anbräunen, dann den Wein dazugeben. 5 Minuten kochen lassen, die Tomaten zufügen und mit Salz und Pfeffer würzen. Zudecken und etwa 2 Stunden garen lassen. Dabei hin und wieder die Tomaten durchrühren und Wasser zugeben, wenn die Sauce eindickt.

Die Maiskörner kochen – bei frischem Mais etwa 10 bis 12 Minuten. Die Körner von den Kolben lösen, abtropfen lassen und die Sauce aus der Kasserolle darübergeben. Mit einer kleinen Scheibe Fleisch servieren – obwohl dies ursprünglich zu einem anderen Gang gehörte. Mit reichlich geriebenem Pecorino oder Parmesan bestreuen.

FLEISCH, GEFLÜGEL, WILD, WURST UND SCHINKEN

Fleisch – in der Bauernküche immer eine besondere Delikatesse – gehört meist zu festlichen Gerichten, ist aber auch Grundbestandteil vieler einfacher Schmorgerichte und Eintöpfe.

STUFATO DI MANZO CON PATATE *(S. 61)*

In diesem Buch werden Sie sowohl Rezepte für Innereien als auch für die häufiger verwendeten Fleischstücke finden. Das Osterlammgericht ist ein typisches Beispiel für die Verarbeitung einer besonderen Fleischsorte für ein spezielles Gericht. Im Gegensatz dazu stehen die geschmorten Schweinsfüße, die man zum Beispiel mit Polenta als vollständige Mahlzeit servieren kann. Innereien sind ein wichtiger Bestandteil der Bauernküche, und ich hoffe, daß die abenteuerlustigen Köche unter Ihnen sich von der reichen italienischen Tradition inspiriert fühlen, die meine Rezeptauswahl leider nur streifen kann.

Im Süden war es Tradition, in einem einzigen Topf zu kochen – alle Schmorgerichte, Suppen und Brühen wurden in einem Topf zubereitet, der über dem Feuer hing und sich im Laufe der Zeit schwärzlich verfärbt hatte. In diesem Topf wurden auch Fleischgerichte mit viel Sauce gekocht. Mit der Sauce wurde ein Pasta-Gericht als Vorspeise garniert, und das Fleisch aß man danach zusammen mit Gemüse als zweiten Gang.

Freilaufende Hühner, die draußen herumgescharrt und sich ihre Nahrung selbst gesucht haben, schmecken völlig anders als Hühner aus Massenhaltung – ihre Farbe und Fleischbeschaffenheit sind grundverschieden. Ich esse viel lieber Wild als das Fleisch irgendeines Tieres, das man mit Nahrung gefüttert hat, die es freiwillig wohl niemals gefressen hätte.

Ein Kaninchen zuzubereiten, fällt vielen Menschen schwer, weil es sich um ein so niedliches Tier handelt. Wenn Sie aber Ihre Gefühle überwinden, werden Sie ein köstliches und wohlschmeckendes Fleisch entdecken, das ausgesprochen vielseitig ist. Besonders gut schmeckt es, wenn es mit reichlich Tomaten und schwarzen Oliven geschmort oder wie in dem sardinischen Rezept auf Seite 77 zubereitet wird.

Sie werden feststellen, daß Schweinefleisch in diesem Kapitel ziemlich häufig auftaucht. Das liegt daran, daß auf den meisten kleinen Bauernhöfen Schweine gehalten werden. Das ganze Jahr über ist das Tier leicht zu versorgen, es kann frei herumstreunen und mehr oder weniger fressen, was ihm gefällt. Im Herbst wird es feierlich geschlachtet und für den Winter haltbar gemacht – in Form von Prosciutto, Salami, Mortadella, Würsten wie Zampone und Cotechino für die Sylvesterfeier und so weiter. Dies ändert sich zwar allmählich, doch auch heute noch essen oder kochen die meisten Hausfrauen in Italien in den Sommermonaten nur ungern Schweinefleisch, da sie Angst haben, davon krank zu werden – das Einfrieren ist noch relativ ungewohnt für sie.

STUFATO DI MANZO CON PATATE

RINDERSCHMORBRATEN MIT KARTOFFELN

Dieses Gericht wird eigentlich wie ein Schmorbraten zubereitet, nur daß das Rindfleisch mit einer Füllung aus Bauchspeck zusammengerollt wird, der mit Rotwein und frischer Petersilie gewürzt ist. Es ist ein köstliches, herzhaftes Gericht, das sich hervorragend für kalte Winterabende eignet.

FÜR 6 PERSONEN

85 g Bauchspeckstreifen, in kleine Würfel geschnitten
Salz und Pfeffer
500 ml Rotwein
2 Eßlöffel gehackte frische Petersilie
900 g Rinderhüfte (1 große Scheibe), flachgeklopft und vorbereitet
6 Eßlöffel Olivenöl
2 Eßlöffel Mehl
8 Eßlöffel Passata oder passierte Tomaten
etwa 300 ml kräftige Fleischbrühe
900 g Kartoffeln, geschält und gewürfelt

Den frischen Bauchspeck in eine Schüssel geben und sorgfältig würzen, dann mit dem Rotwein bedecken. 1 Stunde lang marinieren. Den Bauchspeck mit einem Schaumlöffel herausnehmen, die Marinade aufheben und jedes Stück in der Petersilie wenden. Die Stücke auf das Fleisch legen, das Fleisch aufrollen und mit vier Zahnstochern feststecken.

Das Öl in einer Kasserolle erhitzen und das Fleisch von allen Seiten anbräunen. Das Fleisch herausnehmen und beiseite stellen. Das Mehl in das heiße Öl einstreuen und eine Mehlschwitze herstellen, dann die Marinade hineingießen und vermischen. Etwa 4 Minuten kochen lassen, bis der Alkohol verdampft ist.

Das Fleisch wieder in die Kasserolle geben, dazu die Tomatensauce und 300 ml Brühe. Würzen und mit einem Stück Butterbrotpapier abdecken, dann den Deckel darauflegen. 3 Stunden lang schmoren, am besten im warmen Rohr (160° C, Gas: Stufe 1). Die Kartoffeln mit noch etwas Brühe zugeben, so daß der Inhalt des Topfes einschließlich der Kartoffeln gerade bedeckt ist. In den Ofen zurückstellen und weitere 25 Minuten (bzw. bis die Kartoffeln weich sind) garen. Heiß mit reichlich Brot und einem kräftigen Rotwein servieren.

MANZO AL GRAS DE ROST

RINDFLEISCH GESCHMORT MIT SCHWEINEFETT

Dies ist eine köstliche Art, preiswertere Stücke Rindfleisch zu schmoren, die vielleicht etwas zäh, aber reich an Aroma sind. Von den nebligen Ebenen der Lombardei, wo man an strenge, kalte Winter gewöhnt ist, stammt die Empfehlung, zu diesem Gericht viel kräftigen Rotwein und gekochte Kartoffeln zu reichen, um damit den schmackhaften Bratensaft aufzunehmen.

FÜR 4 PERSONEN

800 g Rinderschmorbraten (in einem Stück)
75 g Butter
1 Eßlöffel Mehl
Salz und Pfeffer
2 Eßlöffel Jus vom Schwein oder Rind
300 ml kräftige Rinderbrühe

Das Fleisch vorbereiten und, falls nötig, zusammenbinden. Die Butter mit dem Mehl vermischen und in eine schwere feuerfeste Kasserolle geben, in die das Fleisch gut hineinpaßt. Das Fett erhitzen und das Fleisch darin von allen Seiten anbräunen, dann gut mit Pfeffer und Salz würzen.

Die Brühe und den Jus zugeben, dabei in die Butter einrühren, bis alles durch und durch heiß ist. Zudecken und bei schwacher Hitze etwa 4 Stunden garen. Das Fleisch von Zeit zu Zeit mit der Brühe begießen. Das Fleisch in große Stücke teilen und die Sauce darübergießen. Mit gekochten Kartoffeln servieren.

TORTINO DI PATATE E CARNE

KUCHEN AUS FLEISCH UND KARTOFFELN

Dieses Gericht stammt ursprünglich aus Österreich, wo es G'röstl heißt. Es ist eine sehr einfache und praktische Art, gekochte Rindfleischreste zu verwerten und einen köstlichen gebratenen und mit Schnittlauch gewürzten »Kuchen« aus Fleisch und Kartoffeln zuzubereiten.

FÜR 4 PERSONEN

50 g Butter
2 Eßlöffel gehackter frischer Schnittlauch
400 g kaltes gekochtes Rindfleisch, in kleine Stücke geschnitten
4 kalte gekochte Kartoffeln, in kleine Stücke geschnitten
Salz und Pfeffer

Die Butter in einer Pfanne von etwa 17,5 cm Durchmesser erhitzen und den Schnittlauch hineinschnipseln. Fleisch, Kartoffeln, Salz und Pfeffer dazugeben. Sorgfältig vermischen, dann 10 Minuten lang braten. Dabei mit einem Palettenmesser von oben festdrücken, damit unten eine knusprige Kruste entsteht.

Den Kartoffelkuchen umgedreht auf einen Teller gleiten lassen und dann zurück in die heiße Pfanne stürzen. So lange braten, bis auch die andere Seite gerade knusprig ist, anschließend sofort servieren. Auch kalt schmeckt der Kuchen sehr gut und eignet sich hervorragend für ein Picknick.

STRACOTTO

RINDERSCHMORBRATEN

Dieser köstliche, saftige Rinderschmorbraten ist ein jahrhundertealtes Gericht der italienischen Bauernküche. Ursprünglich wurde es in einem Steinguttopf zubereitet, zu dem ein gut schließender Deckel gehörte. Damals fügte man keine anderen Zutaten hinzu; das Gericht bestand einfach aus Fleisch bester Qualität und wurde in reichlich kräftigem Rotwein zubereitet.

FÜR 6 PERSONEN

1,5 kg Rinderschmorbraten in einem Stück, mit Küchengarn fest umwickelt
4 Knoblauchzehen, der Länge nach in Streifen geschnitten
50 g Schweinefett, flüssig
1 Zwiebel, gehackt
1 Karotte, gehackt
1 Stange Sellerie, gehackt
85 g Butter
1 Eßlöffel Tomatenpüree, gelöst in etwa 300 ml Brühe, eventuell mehr
Salz und Pfeffer

Das Fleisch mit den Knoblauchstreifen spicken. Das Schweinefett mit dem gehackten Gemüse vermischen und in einen tiefen, schweren Topf geben. Die Butter hinzufügen und das Gemüse 5 Minuten lang braten. Dann das Fleisch dazugeben und rundum gut anbraten, so daß sich die Poren schließen.

Die Tomatensauce hineingießen und mit Salz und Pfeffer würzen. Mit einem gut schließenden Deckel zudecken und 5 oder 6 Stunden langsam schmoren lassen. Dabei das Fleisch gelegentlich mit zusätzlicher Brühe begießen und wenden.

Zum Schluß das Fleisch aus der Sauce nehmen, in dicke Scheiben schneiden und auf einer Platte anrichten. Die Sauce darübergießen und sofort servieren.

KÜHE TRINKEN AM MARKTPLATZ *Eine Statue des hl. Sebastian überwacht die friedliche Idylle im Dorf Glorenza nahe der österreichischen Grenze.*

PIAZZA GRANDE
GROSSER PLATZ

LESSO RIFATTO ALLA SENESE

GEKOCHTES RINDFLEISCH NACH SIENESER ART

Für dieses ausgezeichnete, einfache Gericht kann man sämtliche Fleischstücke verwenden, die bei der Zubereitung der in Italien so beliebten Fleischbrühe übrigbleiben und die ohne weitere Zutaten ziemlich langweilig und phantasielos sind. Es schmeckt auch sehr gut mit den Resten eines Bratenstücks, vorausgesetzt, es handelt sich um einen einfachen Braten, der nicht stark gewürzt ist. Es ist an sich nicht sehr gehaltvoll, gehört aber zu den toskanischen Gerichten, die hervorragend zu den Bohnenspezialitäten dieser Gegend – etwa Fagioli Stufati – passen (s. S. 101).

FÜR 4 PERSONEN

450 g gekochtes Rindfleisch
60 ml Olivenöl
300 g Zwiebeln, in feine Scheiben geschnitten
300 g frische reife Tomaten, entkernt und grob gehackt
Salz und Pfeffer
gehacktes frisches Basilikum oder getrocknetes Basilikum

Das Fleisch in dicke Scheiben schneiden. Das Öl in einer Kasserolle erhitzen, die Zwiebeln dazugeben und braten, bis sie goldbraun und weich sind. Fleisch und Tomaten hinzufügen und mit Pfeffer und Salz würzen.

Das Basilikum darüberstreuen und kochen lassen, bis alles heiß ist und Blasen wirft. Das Fleisch auf einer Platte anrichten, die Sauce darübergießen und sofort servieren.

SPEZZATINO CON ZUCCHINE E PATATE

KALBFLEISCH MIT ZUCCHINI UND KARTOFFELN

Dieser köstliche Sommereintopf aus Ligurien ist die beste Art, die frischen Zucchini und die kleinen Kartoffeln zuzubereiten, die es in dieser Gegend gibt. In Italien, wo die Kälber mit Milch gefüttert und sehr jung geschlachtet werden, läßt sich dieses Gericht schnell zubereiten – das zarte Fleisch braucht nur 30 Minuten zu schmoren. Für Nordeuropa, wo die Kälber älter sind, wenn sie geschlachtet werden, habe ich mehr Zeit zum Schmoren angesetzt.

FÜR 6 PERSONEN

150 ml Olivenöl
4 oder 5 Knoblauchzehen, in Scheiben geschnitten
2 Stangen Sellerie, gehackt
1 große Karotte, in Scheiben geschnitten
1 große Zwiebel, in Scheiben geschnitten
750 g Kalbfleisch zum Schmoren, in Würfel geschnitten
1 großes Glas trockener Weißwein (etwa 150 ml)
450 g neue Kartoffeln, gebürstet und gewaschen
etwa 5 Eßlöffel Hühner-, Fleisch- oder Gemüsebrühe
400 g reife Tomaten, gehäutet, entkernt und gehackt
½ Teelöffel Tomatenmark
300 g frische junge Zucchini, in Scheiben geschnitten
1 Prise getrockneter Origano
Salz und Pfeffer

Das Öl in einem Topf mit dickem Boden erhitzen, Knoblauch hinzufügen und weichdünsten. Sellerie, Karotte, Zwiebel und Kalbfleisch hineingeben und das Fleisch von allen Seiten anbräunen.

Den Wein hineingießen und 5 Minuten kochen, damit der Alkohol verdampfen kann, dann die Kartoffeln und die Brühe dazugeben. Etwa 1½ Stunden schmoren lassen, bis das Fleisch fast weich ist. Dann Tomaten, Tomatenmark, Zucchini und Origano zugeben. Würzen und weitere 20 Minuten köcheln lassen, eventuell noch Brühe nachgießen. Heiß servieren und Salat und trockenen Weißwein dazu reichen.

STROHKARREN IN DER TOSKANA *In der grünen Hügellandschaft ziehen Ochsen einen Karren über ein Stoppelfeld.*

TESTINA DI VITELLO AL SUGO

GESCHMORTER KALBSKOPF

Die Sizilianer nehmen für dieses Gericht einen entbeinten und zusammengerollten Kalbskopf, den man vorbereitet in Metzgereien bekommen kann. Zu Hause wird er über einer offenen Flamme angesengt und abgeschabt, um die Haare zu entfernen. Dann wird er gewaschen und blanchiert. Wenn es Ihnen gelingt, einen Kalbskopf zu finden, bitten Sie den Metzger, die Knochen zu entfernen und das Fleisch einzurollen. Die Sauce ist jedoch so gut und die Garnierung so hübsch, daß sich das Rezept auch gut auf teureres Kalbfleisch wie Schulter oder Keule übertragen läßt.

FÜR 4 PERSONEN

450 g Kalbskopf, entbeint und eingerollt
Salz
1 Karotte, in 4 Stücke geschnitten
1 Zwiebel, in 4 Stücke geschnitten
2 Gewürznelken
1 Zwiebel, in feine Scheiben geschnitten
60 g Butter
60 ml Olivenöl
300 g Passata oder durchpassierte Tomaten
6 Eßlöffel Milch
4 Eßlöffel gehackte frische Petersilie
Schale einer halben Zitrone, in feine Scheiben geschnitten
2 frische Salbeiblätter, fein gehackt

Die Nelken in die Zwiebelstücke stecken. Das Fleisch in einen Topf legen, etwas Salz, die Karotte, den Sellerie und die Zwiebelstücke dazugeben und mit kaltem Wasser bedecken. Zum Kochen bringen, dann eine Stunde sieden.

Inzwischen die Zwiebelscheiben in Öl und Butter etwa 10 Minuten lang bei niedriger Hitze in einem separaten Topf braten, dann die Passata dazugeben. Umrühren und würzen, etwa 1 Stunde lang köcheln lassen, nach 30 Minuten die Milch hinzufügen. Das Kalbfleisch abtropfen lassen und in gleich große Stücke teilen, anschließend in die Sauce zurückgleiten lassen. Darauf achten, daß das Fleisch vollständig von Sauce bedeckt ist, und nicht länger als 10 Minuten köcheln lassen. Das Fleisch auf einer warmen Platte anrichten und die Sauce darübergeben. Mit Petersilie, Zitronenschale und Salbei bestreuen und sofort mit Kartoffeln und einem einfachen Gemüsegericht servieren.

LANDSCHAFT BEI BARRAFRANCA *im Enna-Gebiet. Die sanften Hügel, gesprenkelt von Olivenbäumen und gemustert durch das Ackerland, erinnern an riesige, vielfarbige Sanddünen.*

AGNELLO ALLA SICILIANA

LAMM NACH SIZILIANISCHER ART

Wie alle sizilianischen Gerichte hat auch dieses Lammgericht einen köstlich intensiven Geschmack. Geben Sie acht darauf, daß die Zutaten gleichmäßig in der Kasserolle verteilt sind. Die Kartoffeln sollten das Aroma und das Fett des Lammfleischs aufnehmen. Wenn Sie ein kalorienärmeres Gericht bevorzugen, reduzieren Sie die Menge des Schweinefetts auf die Hälfte.

FÜR 4 PERSONEN

900 Lammfleisch zum Schmoren, in Stücke geschnitten
4 Kartoffeln, geschält und geviertelt
60 g Schweinefett oder -schmalz
1 große Zwiebel, in 4 Stücke geschnitten
4 Knoblauchzehen, gehackt
1 Zweig frischer Rosmarin
Salz und reichlich frisch gemahlener Pfeffer
200 g Tomaten aus der Dose, entkernt und gehackt

Das Fleisch mit den Kartoffeln, dem Fett, der Zwiebel, dem Knoblauch und dem Rosmarin in eine Kasserolle legen. Mit Salz und reichlich frisch gemahlenem schwarzem Pfeffer würzen, dann die Tomaten darübergeben. Zudecken und im heißen Rohr (170° C, Gas: Stufe 1–2) 2 Stunden garen. Heiß servieren und Gemüse und Brot dazu reichen.

U'VERDETTE

OSTERLAMM AUS APULIEN

In den traditionellen Schafzuchtgebieten sind natürlich mit Lamm zubereitete Gerichte in allen Variationen sehr beliebt. Dieses Gericht stammt aus Apulien – also von der Ferse des italienischen Stiefels –, aber zu Ostern wird überall in Italien Lamm gegessen. Die Gründe sind sowohl praktischer als auch symbolischer Natur. Wenn der Sommer beginnt, muß die Herde verkleinert werden, da wegen der Hitze weniger Weideland zur Verfügung steht. Dieses köstliche Osterlammgericht ist sehr ungewöhnlich, da das fertige Fleisch eine Garnitur aus Eiern und Käse erhält.

FÜR 4 PERSONEN

800 g Lammkeule, ohne Knochen
6 Eßlöffel Olivenöl
1 große Zwiebel, in Scheiben geschnitten
1 Glas trockener Wei wein (etwa 150 ml)
450 g Erbsen
Salz und Pfeffer
2 große Eier
1 Handvoll geriebener Pecorino
1 Handvoll frische Petersilie, fein gehackt

Das Fleisch in Stücke schneiden, waschen und trocknen. Das Öl in einem Topf mit dickem Boden erhitzen, die Zwiebel hineingeben und weichdünsten.

Das Fleisch hinzufügen und rundherum anbräunen. Den Wein hineinrühren und kochen lassen, bis der Alkohol verdampft ist. Mit einem gut schließenden Deckel zudecken und bei mäßiger Hitze (170° C, Gas: Stufe 1–2) etwa 20 Minuten garen. Die Erbsen dazugeben und mit Salz und Pfeffer würzen. Weitere 25 Minuten garen.

Die Eier in eine Schüssel geben und mit dem Käse und der Petersilie verschlagen. Das Lammfleisch aus dem Ofen nehmen und den Deckel entfernen. Die Eimischung darübergießen, stehenlassen, bis die Eimasse stockt, anschließend sofort servieren.

AGNELLO ALLA PECORARA

LAMM NACH HIRTENART

Dieser Lammschmorbraten stammt aus den Abruzzen und den alterslosen Dörfern in der Molise. Es ist ein sehr einfaches Gericht und kann im eigenen Fett gegart werden. Traditionell wird das Fleisch in einem Kupfertopf mit zwei Henkeln zubereitet, aber jeder andere schwere Topf ist auch geeignet, vorausgesetzt, er hat einen gut schließenden Deckel.

FÜR 4–6 PERSONEN

1 große, ganze Zwiebel, geschält
20 g Butter
900 g Lammkeule oder -schulter, in 6 Stücke zerteilt
Salz
8 Scheiben grobes Brot

Die Zwiebel mit der Butter in den Topf geben. Das Fleisch salzen und die Stücke flach auf dem Boden verteilen. Zudecken und 1 Stunde lang bei mittlerer Hitze garen. Während der Garzeit den Deckel nicht abnehmen.

Zum Wenden die beiden Griffe gut festhalten und den Topf schütteln, so daß die Fleischstücke umgedreht werden, ohne den Deckel abzunehmen. Etwa 5mal während der Garzeit wenden. Das Brot im Ofen rösten, das Fleisch darauf anrichten und sofort servieren.

SALSICCIA ALL'UVA

WÜRSTE MIT TRAUBEN

Aus Umbrien, das berühmt ist für seine Fleisch- und Wurstwaren, stammt dieses Gericht aus frischen Würsten, die mit festen, reifen weißen Trauben gegart werden – eine hervorragende Kombination! Kaufen Sie die größten Trauben, die Sie finden können. Frische italienische Würste guter Qualität erhalten Sie in gutsortierten italienischen Delikatessengeschäften. Sie können auch andere grobe Würste verwenden, wenn diese ganz aus Schweinefleisch sind.

FÜR 4 PERSONEN

8 dicke, grobe Schweinswürste
2 Eßlöffel Olivenöl
750 g feste weiße Trauben, von den Stengeln gezupft und gewaschen

Die Würste mit einem sauberen, feuchten Tuch abwischen. Rundum einstechen. Das Öl in einer weiten, tiefen Pfanne erhitzen und die Würste in das heiße Öl legen. Rundum bräunen und das Fett auslassen. Noch 6 Minuten weiterbraten, dann aus der Pfanne nehmen. Fast das ganze Fett entfernen, die Würste wieder in die Pfanne legen und die Trauben dazugeben.

Bei großer Hitze 5 Minuten braten, dabei die Trauben mit einem Holzlöffel vorsichtig wenden, so daß die Haut nicht verletzt wird. Mit den Trauben servieren.

PUCCIA

POLENTA MIT WIRSING UND SCHWEINSWÜRSTEN

Dieses Gericht aus dem Piemont, ein herrlicher Wärmespender an Wintertagen, ist eine schwer zu beschreibende Mischung aus Fleischpastete und Eintopf. Das klingt zwar nicht gerade appetitlich – aber es ist eine wirklich köstliche, belebende und wohlschmeckende Kombination aus Schweinswürsten, Wirsing und Polenta, ergänzt mit Butter und Käse.

FÜR 4–8 PERSONEN

450 g Wirsing, gewaschen und in dünne Streifen geschnitten
450 grobe Schweinswürste
Salz
200 g Polenta (gelbes Maismehl)
50 g Mehl
50 g Butter
frisch gemahlener schwarzer Pfeffer
frisch geriebener Parmesan

Den Wirsing zusammen mit den Würsten in eine große Pfanne mit schwerem Boden geben, die Würste anstechen, damit der Saft ausläuft. Etwas Salz zugeben, abdecken und bei sehr niedriger Hitze etwa 20 Minuten garen.

Unterdessen die Polenta mit dem Mehl in einem Topf mischen, der groß genug ist, um das ganze Gericht aufzunehmen. So viel Wasser zugeben, bis ein dicker Brei entsteht. Dabei ständig rühren, damit die Polenta nicht klumpig wird. Sie sollte eher locker als zu fest werden. Die Polenta unter Rühren 20 Minuten köcheln lassen.

Den Wirsing und die Würste dazugeben und alles zusammen 5 Minuten weiterkochen, dann mit Pfeffer würzen. Anschließend auf Suppenteller verteilen, dabei die Würste möglichst nach oben legen. Die Polenta-Wirsing-Mischung mit Butterflöckchen belegen, mit Parmesan bestreuen und sofort servieren.

SALSICCIA ALL'UVA

TRIPPA DI MONGANA ALLA CANEPINA

KALBSKUTTELN AUS CANEPINA

Die wichtigste Zutat für dieses klassische Wintergericht aus den Marken ist der Schinkenknochen. Das Rezept stammt aus der Provinz Ancona, doch die Zubereitung variiert von einem Dorf zum anderen. Das Endergebnis ist ein reichhaltiger, kräftiger Eintopf, der mit großen Scheiben Bauernbrot serviert wird, die leicht geröstet und mit Olivenöl beträufelt sind.

Kalbskutteln sind für dieses Rezept am besten geeignet, es können jedoch auch Lammkutteln verwendet werden.

FÜR 4–6 PERSONEN

900 g Kalbskutteln aus dem Netzmagen (oder Lammkutteln)
1 Zwiebel, fein gehackt
2 Knoblauchzehen, fein gehackt
1 große Karotte, fein gehackt
1 Selleriestange, fein gehackt
1 große Prise getrockneter Majoran
Schale einer Zitrone, fein gehackt
3 Streifen Schweinebauch, gewürfelt
1 Schinkenknochen
1 Eßlöffel Tomatenmark
Salz
Bauernbrot
frisch geriebener Parmesan zum Servieren

Die Kutteln waschen, dabei das Wasser mehrmals wechseln. Lose Stücke entfernen. Blanchieren. In einen Topf geben, mit kaltem Wasser bedecken, zum Kochen bringen und etwa 20 Minuten kochen. Abgießen, nochmals waschen und in Würfel schneiden. Zwiebel, Knoblauch, Karotte, Sellerie, getrockneten Majoran, Zitronenschale und Schweinebauch anbraten, bis die Gemüse weich sind. Die Kutteln und den Schinkenknochen hineingeben, mit Wasser bedecken, Tomatenmark und Salz unterrühren und etwa 2 Stunden köcheln lassen. Eventuell Wasser auffüllen. Mit reichlich Brot und geriebenem Parmesan servieren.

BAUERNHAUS *Sparsamkeit ist auf dem Lande lebensnotwendig, deshalb wird den Besitzer der herabbröckelnde Putz sicher nicht stören, bis die regnerischen Monate anbrechen.*

POLLO ALLA TOSCANA

HUHN NACH ART DER TOSKANISCHEN BAUERN

Ein köstliches, einfaches und für die Toskana typisches Hühnergericht. Servieren Sie dieses Fleischgericht mit Kartoffelpüree, einem grünen Gemüse und viel Weißwein.

FÜR 4 PERSONEN

30 g getrocknete Steinpilze
etwa 300 ml warme Hühnerbrühe
1,5 kg Huhn, am besten maisgefüttertes, in 8 Stücke zerteilt
85 g Butter, etwa 50 ml Olivenöl
1 Glas trockener Weißwein (etwa 150 ml)
Salz und Pfeffer
225 g Dosentomaten, passiert
1 Eßlöffel Mehl

Die Pilze sorgfältig waschen und verlesen. Mit der Hälfte der Brühe bedecken und etwa 15 Minuten einweichen lassen.

Ein Drittel der Butter mit dem Öl erhitzen. Die Hühnerstücke darin rundherum anbräunen. Mit dem Wein aufgießen und mit Salz und Pfeffer würzen. 5 Minuten kochen lassen, damit der Alkohol verdampft, dann die Tomaten zufügen. Den Rest der Brühe und die Pilze unterrühren. Bedecken und bei niedriger Hitze 40 Minuten schmoren.

Die Hühnerteile aus dem Topf nehmen und warmstellen. Die restliche Butter mit dem Mehl vermischen und in die Flüssigkeit in der Kasserolle rühren. Kochen, bis die Sauce dickflüssig wird, dann über die Hühnerteile gießen und sofort servieren.

POLLO RIPIENO ALLE NOCI

GEFÜLLTES HUHN MIT WALNÜSSEN

Aus den Bergen des Trentino stammt dieses delikate Gericht aus entbeintem Huhn mit einer köstlichen Füllung aus Walnüssen, Muskat und Pinienkernen.

FÜR 6 PERSONEN

1,5 kg Huhn, entbeint
2 altbackene Brötchen, ohne Kruste, Milch
60 g geschälte Walnüsse
60 g Pinienkerne
150 g Rindermark
die Innereien des Huhns
Salz und Pfeffer
1 gehäufter Eßlöffel Parmesan
1/4 Teelöffel geriebene Muskatnuß
1 oder 2 Eier, verschlagen

Um das Huhn zu entbeinen, die Haut am Rückenknochen aufschneiden. Mit einem scharfen Messer das Fleisch von den Knochen ablösen. Alle sichtbaren Knochen entfernen.

Die Brötchen mit Milch übergießen und etwa 15 Minuten einweichen. Unterdessen die Walnüsse in kochendem Wasser blanchieren und die Häute entfernen. Im Mixer oder in der Küchenmaschine zerkleinern; in der Küchenmaschine bleiben sie gröber. Die Innereien in kochendem Wasser 5–6 Minuten blanchieren, dann den Hals entfernen und das Fleisch zusammen mit dem Mark im Mixer zu einer feinen Masse verarbeiten. Die Brötchen aus der Milch nehmen und gut ausdrücken. Mit der Innereimasse vermischen. Walnüsse, Pinienkerne und Muskat darunterheben, mit Salz und Pfeffer würzen. Löffelweise die Eier unterrühren, bis sich die Mischung nicht mehr trocken anfühlt. Die Füllung in das entbeinte Huhn geben und am Rücken mit Küchengarn vernähen. Das Huhn in einen großen Topf geben, mit Wasser bedecken, den Topf schließen und bei mittlerer Hitze etwa 1 Stunde köcheln lassen. Heiß oder kalt in Scheiben geschnitten servieren.

KARREN OHNE GESPANN VOR EINER ALTEN STEINMAUER *Das Huhn, das vor dem Karren herumpickt, erweckt den Anschein, als wolle es sich anstelle der üblichen Ochsen einspannen lassen.*

CONIGLIO A SUCCITTU

GESCHMORTES SARDISCHES KANINCHEN

Dieses köstliche geschmorte Kaninchen, das mit Essig gewürzt ist, wird oft kalt serviert. Nach diesem Rezept kann man auch sehr gut Hase oder Wild zubereiten.

FÜR 6 PERSONEN

1,5 kg Kaninchen, zerlegt
1 Kaninchenleber
50 ml Olivenöl
1 große Zwiebel, fein gehackt
4 Knoblauchzehen, gehackt
50 g Kapern, gewaschen, getrocknet und fein gehackt
Salz
1/2 Glas Rot- oder Weißwein (etwa 60 ml)
4 Eßlöffel Weinessig

Das Kaninchen waschen und abtrocknen. Die vorbereitete Leber fein hacken. In einem Topf mit schwerem Boden das Öl erhitzen und die Kaninchenstücke darin rundherum anbräunen.

Die gehackte Leber mit der Hälfte der Kapern, der Zwiebel und dem Knoblauch mischen und in den Topf geben. Bei mittlerer Hitze 20 Minuten braten, dann mit Salz würzen. Essig und Wein mit ca. 60 ml Wasser verdünnen und die Flüssigkeit über das Fleisch gießen. Die restlichen Kapern dazugeben, abdecken und bei schwacher Hitze weichschmoren, was etwa 45 Minuten dauert. Darauf achten, daß nichts anbrennt. Heiß oder kalt servieren.

TORESANI ALLO SPIEDO

TAUBEN MIT WACHOLDERBEEREN

»Toresani« ist ein venetianisches Wort und bezeichnet eine besondere Taubenart, die auch »torraioli« genannt wird. Ich habe festgestellt, daß dieses Gericht mit jeder Taubenart gelingt, wesentlich ist dabei nur, daß die Tauben am Spieß gebraten werden, entweder im Backofen oder draußen über einem offenen Feuer oder Grill.

FÜR 4 PERSONEN

10 Wacholderbeeren
2 getrocknete Lorbeerblätter
Salz und Pfeffer
4 Eßlöffel Olivenöl
1 Zweig Rosmarin, etwa 15 cm lang
4 kleine, fleischige Tauben, ausgenommen und gesäubert
130 g fetter Speck (ohne Schwarte, in einer großen Scheibe)

Die Wacholderbeeren zusammen mit den Lorbeerblättern und etwas Salz und Pfeffer im Mörser zerdrücken. Mit dem Olivenöl vermischen.

Den Rosmarinzweig in das Würzöl tauchen und jeden Vogel innen mit dem Öl ausstreichen. Das Fett in 4 Streifen schneiden und um jeden Vogel einen Streifen wickeln. Mit Küchengarn festbinden, dann die Vögel auf den Spieß stekken und über mittlerer Hitze 30 Minuten lang braten. Dabei mit dem restlichen Öl übergießen.

Vor dem Servieren das Küchengarn entfernen. Traditionell wird dieses Gericht mit Polenta serviert (Seite 55), die in Scheiben geschnitten und in einer Pfanne rasch in etwas Öl angebraten wird, bis sie von beiden Seiten braun ist.

TORESANI ALLO SPIEDO

FISCH UND MEERESFRÜCHTE

Italien ist stolz auf seine Fischgerichte. Die Küsten der Halbinsel und die fischreichen Flüsse und Seen bieten eine Fülle von Möglichkeiten für zahlreiche schmackhafte Gerichte mit gekochtem, gebackenem oder auch gegrilltem und gebratenem Fisch.

BURRIDA DI PESCE FRESCO *links (S. 90)*
FRITELLE DI BACCALA *rechts (S. 86)*

Ich kann mich noch gut daran erinnern, wie wir zum Fischen hinausfuhren, als ich ein Kind war. Wir brachen bei Sonnenuntergang vom Strand auf – damals war das Wasser grün und glasklar –, und während die Sonne langsam im Meer versank, begannen die Berge hinter dem Haus zu glühen. Die letzten Strahlen färbten die fernen, schneebedeckten Gipfel granatrot, magenta und violett, bevor die Sonne verschwand. Mit einem »pattino« – einem Boot mit sehr langen und schmalen Rudern – fuhren wir durch den leichten Wellengang. Dieses Boot zu rudern, ist eine Kunst für sich – wer es einmal gelernt hat, vergißt es nie –, und beim Fischen ist die Kontrolle über das Boot besonders wichtig. Ein Erwachsener ruderte (manchmal auch zwei Kinder), und zwei Personen ließen vom Bug aus langsam das Netz ins Wasser. Die Netze waren ordentlich in Eimern zusammengerollt, die an den beiden scharfen Spitzen am Bug hingen, und man mußte sich rittlings auf das Holz setzen und mit beiden Händen die Netze ins Wasser lassen. Um uns herum sprangen die Fische, und in guten Nächten konnten wir in der Ferne Delphine sehen oder auch einen Schwarm sehr großer Fische, die sich in sicherere Gefilde davonmachten.

Wenn das ganze Netz im Meer war, sah man nur noch die schwarzbeflaggten Bojen, die Anfang und Ende des Netzes markierten. Wir ruderten zum Ufer zurück, zündeten ein Feuer an und grillten Würstchen über der roten Glut. Wenn die Stühle und der Sand vom Tau feucht wurden, kehrten wir nach Hause zurück. Das »pattino« war sicher ans Ufer gezogen, die Netze draußen füllten sich hoffentlich bereits. Und es gab noch keinen Diskothekenlärm, der unseren Schlaf störte! Der Sonnenaufgang kam viel zu früh. Jetzt waren die Berge leuchtendgelb und -rot, die See war purpurfarben und warm und klarer denn je. Kaum jemand war so früh am Strand – außer den anderen Fischern und den Müttern mit ihren kleinen Kindern, die die Seeluft schnuppern sollten, bevor die Hitze kam, den alten Leuten, die vor dem Ansturm der Menge in Ruhe baden wollten, und manchmal einem einsamen Reiter.

Wenn wir das Netz wieder ins Boot gezogen hatten, war es immer die Aufgabe der Kinder, das Netz mit den Fischen in den Eimern zu halten und sie nicht wieder ins Wasser zurückzulassen. Und wenn wir dann aufs Ufer aufliefen, mußten wir Kinder das Netz von der linken in die rechte Hand gleiten lassen, alles Genießbare herausholen und in einem anderen Eimer sammeln. Tintenfische stachen und zwickten, Stachelrochen ließen uns schreiend ins Wasser springen, wenn wir ihre leuchtendblauen Flecken berührten und sie uns einen elektrischen Schlag versetzten, Krebse klammerten sich an unsere Daumen und kämpften um ihr Leben. Erschöpft und nach Fisch riechend kamen wir schließlich um halb acht Uhr nach Hause, brachten für alle das Mittagessen mit (es schienen nie weniger als 20 Personen bei jeder Mahlzeit zu sein!), eine Sammlung von jungen Seezungen, Seebarben, manchmal auch Meeräschen, viele Tintenfische und Garnelen und eine reiche Auswahl anderer frischer Fische – wir waren genauso stolz, als hätten wir ein oder zwei Lachse gefangen!

Es ist schrecklich, daß das Meer, das ich einst kannte und so sehr liebte, inzwischen derart verschmutzt ist, daß man nicht einmal mehr darin schwimmen kann und in dem trüben, braunen Wasser kaum noch Fische sieht. Ich hätte so gerne meine Söhne mit im Boot hinausgenommen und ihnen gezeigt, wie man bei Sonnenuntergang die Netze auswirft ...

Auf jeden Fall sind die Rezepte in diesem Kapitel Lieblingsgerichte meiner Familie. Die Zubereitung dürfte Ihnen keine Schwierigkeiten machen, ein wenig Überwindung verlangt höchstens das Gericht mit Stockfisch bzw. Klippfisch, der etwas eigenartig aussieht – genauso wie ein sehr alter, eingetrockneter Putzlumpen in einem nicht besonders ordentlichen Haushalt! Aber ich verspreche Ihnen, daß er, nachdem er gewässert und gekocht wurde, ausgezeichnet schmeckt! Wenn Sie es einfach nicht über sich bringen, können Sie für die Rezepte mit eingesalzenem Fisch auch in Stücke geschnittenen Engelhai oder sehr dicke Kabeljaustücke verwenden. Ich habe die Stockfischrezepte gewählt, weil sie authentisch sind – Stockfisch ist oft in ländlichen Gegenden, die nicht am Meer liegen, der einzig erhältliche Fisch, und er hält sich monatelang.

VONGOLE IN PORCHETTA

VENUSMUSCHELN MIT KRÄUTERN UND WEIN

Für diese typisch ligurische Vorspeise können Sie jede Art von kleinen Schalentieren verwenden – sogar Herzmuscheln und Strandschnecken oder kleine Miesmuscheln. Sie müssen jedoch unbedingt frisch sein.

FÜR 4 PERSONEN

1,8 kg kleine Venusmuscheln oder andere kleine Schalentiere
1 Handvoll frisches Fenchelkraut oder Dill
1 großer Rosmarinzweig
50 ml Olivenöl
3 Knoblauchzehen
Salz und Pfeffer
½ Glas trockener Weißwein (etwa 60 ml)
1 Eßlöffel Tomatenmark, in 60 ml warmem Wasser aufgelöst

Die Muscheln sehr sorgfältig säubern. Muscheln, die nicht völlig geschlossen sind, aussortieren. Fenchelkraut bzw. Dill hacken. Die Rosmarinnadeln vom Zweig zupfen und ebenfalls hacken.

Das Öl in einem großen Topf erhitzen, Knoblauch und Kräuter zugeben und 2 Minuten lang anbraten, dann die Muscheln hineingeben und großzügig würzen. Den Wein darübergießen und bei geschlossenem Deckel 5 Minuten kochen, damit der Alkohol verdampft. Das verdünnte Tomatenmark zufügen, umrühren und kochen, bis die Meeresfrüchte fertig sind – es dauert sicher nicht länger als 5 Minuten. Mit viel knusprigem Bot servieren.

POLPI IN GALERA

KRAKE IM GEFÄNGNIS

Für diese einfache toskanische Vorspeise braucht man kleine Kraken oder Tintenfische, die klein genug sind, daß man sie ausnehmen kann, ohne den Kopf abzuschneiden.

FÜR 4 PERSONEN

800 g kleine Kraken oder Tintenfische
100 ml Olivenöl
2 Knoblauchzehen, gehackt
1 Handvoll frische Petersilie, gehackt
Salz und Pfeffer

Die Kraken säubern und ausnehmen. Das Öl in einer Kasserolle erhitzen, die gerade groß genug ist, daß die Tiere alle hineinpassen. Den Knoblauch und die Petersilie zufügen und etwa 6 Minuten braten, dann die Fische dazugeben und würzen. Zugedeckt ca. 30 Minuten schmoren; aufpassen, daß dabei nichts ansetzt.

PURPETTI DI NUNNATA

FRITIERTE SPROTTEN

Ein köstliches Rezept für frische Sprotten, wie man es in Sizilien zubereitet.

FÜR 4 PERSONEN

570 g sehr frische Sprotten oder ähnliche kleine Fische
1 kleine Handvoll frische Petersilie, gehackt
2 Knoblauchzehen, fein gehackt
1–2 Eier, Salz und etwas Pfeffer
Öl zum Fritieren

Die Fische waschen und sorgfältig trocknen. Mit der Petersilie und dem Knoblauch, den verschlagenen Eiern und Salz und Pfeffer sehr gründlich verrühren, so daß eine dicke Masse entsteht. Das Öl in einer großen Pfanne erhitzen und die Mischung löffelweise in kleinen Häufchen fritieren, immer 3–4 auf einmal. Sofort nach dem Braten servieren.

SEPPIE COI PISELLI

TINTENFISCH MIT ERBSEN

In ganz Latium sind Erbsen sehr beliebt und werden in zahlreichen Kombinationen mit Fisch oder Fleisch als Eintopf serviert. Traditionell verwendet man für dieses Rezept Sepia, aber auch zarter junger Kalmar eignet sich hervorragend und ist leichter zu bekommen.

FÜR 4 PERSONEN

900 g Tintenfisch (möglichst bereits geputzt und in Streifen geschnitten)
3 Knoblauchzehen, gehackt
5 Eßlöffel Olivenöl
1 Handvoll frische Petersilie, gehackt
750 g ungeschälte oder 175 g tiefgekühlte Erbsen
150 ml passierte Tomaten aus der Packung oder frische, durch ein Sieb passierte Tomaten
Salz und Pfeffer

Den Tintenfisch säubern, wenn er nicht bereits gereinigt gekauft wurde. Den Eingeweidesack zusammen mit dem Kopf herausziehen, den Kopf und die Tentakel direkt hinter den Augen abschneiden (die Tentakel können für eine Suppe verwendet werden) und alles mit dem Körperinhalt entfernen. Den Körper leicht biegen, um den durchsichtigen Schulp herauszuziehen (bei Sepia ist es ein weißer Kalkschulp). Salz auf die Hände geben und die dunkle Außenhaut soweit wie möglich abziehen.

Die Tintenfische mit einer Schere ganz aufschneiden und flach auflegen. Alle Reste des Eingeweidesacks entfernen und die Tiere unter fließendem Wasser gut waschen. Mit einem scharfen Messer in lange, schmale Streifen schneiden. Nochmals waschen und mit einem sauberen Tuch trocknen.

Den Knoblauch im Olivenöl goldbraun braten, dann die Petersilie und die Erbsen dazugeben. Sorgfältig durchrühren, dann den Tintenfisch zusammen mit den passierten Tomaten zufügen. Mit Salz und Pfeffer würzen und etwa 15 Minuten lang kochen lassen. Nicht zu lange kochen, denn der Tintenfisch kann zäh werden. Oft umrühren und, wenn nötig, etwas Wasser zufügen. Heiß mit italienischem Weißbrot, das in dicke Scheiben geschnitten wurde, servieren.

EIN FISCHER AUF DEM LAGO LARIO *in der Gegend von Como. In Italien sind Süßwasserfische aus Seen ganz besonders beliebt. Sie sind die Grundlage für viele regionale Spezialitäten.*

BACCALA CON I PEPERONI

KLIPPFISCH MIT PAPRIKA

Aus dem heiteren Neapel kommt dieses reizvolle Gericht aus getrocknetem Kabeljau, der mit grünen und gelben Paprikaschoten gegart und mit Tomaten und Chili abgerundet wird.

FÜR 4 PERSONEN

800 g Klippfisch
Mehl
Öl zum Fritieren
5 gelbe und grüne Paprikaschoten
100 ml Sonnenblumenöl zum Braten in der Pfanne
2 große Zwiebeln, in feine Scheiben geschnitten
450 g frische, reife Tomaten, geschält, gehackt und entkernt
1/2 Teelöffel Tomatenmark
1 Handvoll frische Petersilie, gehackt
1/2 rote Chilischote, getrocknet
Salz

Den Fisch über Nacht wässern – am besten unter fließendem Wasser. So wird der Fisch wieder weich und das Salz ausgespült. Die Einweichzeit hängt davon ab, wie lange der Fisch später gekocht werden soll. Wenn die Kochzeit nur kurz ist, muß die Einweichzeit mindestens 24 Stunden betragen.

Den Fisch waschen, häuten und entgräten. In gleichmäßige Stücke schneiden, dabei dünne Ränder entfernen, und in Mehl wenden. Das Fritieröl in der Pfanne erhitzen und den Fisch fritieren, bis er goldbraun und knusprig ist. Zum Abtropfen auf Küchenpapier legen. Die Paprikaschoten über eine offene Flamme halten, bis die Haut schwarz wird und Blasen wirft, dann die durchsichtige Haut abziehen. Die Schoten halbieren, das Gehäuse entfernen und das Gemüse in Streifen schneiden.

Das Sonnenblumenöl in einem separaten Topf heiß werden lassen, die Zwiebeln hineingeben und weichdünsten. Die Tomaten, das Tomatenmark, die Petersilie und die Chili mit dem Salz unterrühren. Den fritierten Fisch und die Paprikastreifen dazugeben, abdecken und 10 Minuten kochen lassen. Heiß oder kalt servieren.

FRITTELLE DI BACCALA

GEBACKENER KLIPPFISCH

In Gegenden, die weit vom Meer entfernt liegen, ist Stockfisch eine preiswerte Ergänzung des Speisezettels. »Stoccafissa« ist Kabeljau, der unzerteilt getrocknet wurde. Er ist sehr ledrig und muß gut geklopft werden, um die Fasern zu brechen, dann wird er 36–48 Stunden in Wasser gelegt, wobei das Wasser häufig gewechselt wird. »Baccalà« (Klippfisch) ist Kabeljau, der aufgeschnitten, ausgenommen, eingesalzen und flach getrocknet wurde. Er ist leichter zu bekommen und schneller zubereitet. In Perugia wird er wie hier beschrieben zubereitet, einfach in einen Ausbackteig getaucht und in Olivenöl fritiert, dann mit Zitronenschnitzen serviert.

FISCHER BRINGEN IHREN FANG AN LAND *In der Kiste im Vordergrund sieht man Seebarben, und zwischen den kleinen silbernen Fischen liegt eine große Meeräsche.*

FÜR 4 PERSONEN

800 g Klippfisch, mindestens 24 Stunden gewässert
1 großes Ei, verschlagen
6 Eßlöffel Mehl
150 ml Milch (eventuell etwas mehr oder weniger)
575 ml Olivenöl
2 Zitronen, in 8 Schnitze zerteilt

Den Fisch waschen, häuten und entgräten und in mundgerechte Stücke schneiden. Das Ei mit dem Mehl mischen und mit Milch so weit verdünnen, daß sich ein dickflüssiger Ausbackteig ergibt. Das Olivenöl in einer tiefen Pfanne erhitzen. Die Fischstücke in den Ausbackteig tauchen und knusprig und goldbraun fritieren. Auf Küchenpapier abtropfen lassen, sehr heiß mit den Zitronenschnitzen servieren.

BACCALA ALLA POTENTINA

KLIPPFISCH MIT SULTANINEN UND OLIVEN

Getrockneter, eingesalzener Kabeljau verwandelt sich in ein köstliches Gericht, wenn er mit Oliven, Sultaninen, Zwiebeln und Tomaten kombiniert wird. Dieses Rezept stammt aus einer sehr armen Region, der Basilicata, die in dem Bogen zwischen dem Absatz und der Spitze des Stiefels liegt. Es gibt ein ähnliches Rezept in Neapel, für das Tintenfisch verwendet wird, der manchmal einfacher zu bekommen ist als »baccalà«. Er muß nur 15 Minuten gegart werden.

FÜR 4 PERSONEN

800 g Klippfisch, über Nacht gewässert
75 g Sultaninen
115 g schwarze Oliven
60 ml Olivenöl
1 große Zwiebel, in dünne Scheiben geschnitten
2 Eßlöffel Tomatenmark, mit 150 ml warmem Wasser verdünnt

Den Fisch waschen, häuten und entgräten. In mundgerechte Stücke schneiden. Die Sultaninen mit warmem Wasser bedecken und nicht länger als 10 Minuten einweichen lassen. Die Oliven entsteinen und halbieren.

Das Öl in einem Topf mit schwerem Boden erhitzen, die Zwiebel weichdünsten. Die Fischstücke dazugeben und sorgfältig wenden, bis sie von allen Seiten gebräunt sind.

Die Sultaninen, die Oliven und das verdünnte Tomatenmark unterrühren, dabei darauf achten, daß der Fisch nicht zerfällt. Zugedeckt bei schwacher Hitze 1 Stunde köcheln lassen; gelegentlich umrühren. Heiß mit gebratenen Paprikaschoten servieren.

SARDELLE RIPIENE

GEFÜLLTE SARDINEN

Obwohl das Rezept ursprünglich aus Venetien stammt, werden Sardinen im gesamten Mittelmeerraum ähnlich zubereitet, lediglich die Grundzutaten variieren ein wenig. Es ist eine üppige Vorspeise oder ein Gericht für den Fischgang eines Menüs.

FÜR 4 PERSONEN

8 große frische Sardinen
3 Eßlöffel Semmelbrösel
3 Eßlöffel frisch geriebener Parmesan
1 Eßlöffel frischer Rosmarin, gehackt
oder 1 Teelöffel getrockneter Rosmarin
2 Eßlöffel frische Petersilie, gehackt
2 Knoblauchzehen, sehr fein gehackt
Salz und Pfeffer
Olivenöl

Die Köpfe und Eingeweide entfernen, dann die Fische der Länge nach aufschneiden. Waschen und gut abtropfen lassen, mit einem sauberen Tuch oder Küchenpapier trockentupfen.

Die Semmelbrösel, den Parmesan, die Kräuter und den Knoblauch mischen. Etwas würzen und so viel Öl zufügen, daß sich eine weiche Paste ergibt. Jeden Fisch mit etwas Paste füllen und wieder in Form drücken.

Eine Gratinform mit Öl ausstreichen und die Fische nebeneinander darauflegen. Mit etwas Salz und Pfeffer bestreuen, ein wenig Öl darüberträufeln und im Ofen bei geringer Hitze (180° C, Gas: Stufe 2) 15–20 Minuten backen. Sehr heiß servieren.

BURRIDA DI PESCE FRESCO

LIGURISCHE FISCHSUPPE

In diesem köstlichen Fischeintopf aus der ligurischen Küstenregion verbindet sich der Geschmack des Meeres mit frischen Tomaten, Kräutern und Wein zu einem wirklich wunderbaren Gericht.

FÜR 6 PERSONEN

1,2 kg gemischter Fisch, darunter Schollenfilets, Steinbutt, Seebarben, Drachenkopf, Engelhai und Schellfisch
450 g gemischte Krustentiere, wie Garnelen, Shrimps und Scampi, geschält
900 g Zwiebeln, in Scheiben geschnitten
450 g frische Tomaten, geschält, entkernt und gehackt
1/2 Teelöffel Tomatenmark
Olivenöl, Salz und Pfeffer
2 Eßlöffel getrockneter Origano
1 Handvoll frische Petersilie, gehackt
1 großes Glas (etwa 150 ml) trockener Weißwein

Die Fische und die Krustentiere waschen und säubern. Eine große Kasserolle einfetten und den Boden mit einer Lage Zwiebelscheiben auslegen. Mit einer Lage Fisch und Krustentieren bedecken. Mit Salz und Pfeffer würzen, dann eine Lage gehackte Tomaten darübergeben.

Weiterschichten mit Zwiebeln, etwas Öl, dann mit Fisch und Krustentieren und schließlich mit Tomaten und Tomatenmark. Die Kräuter darüberstreuen. Vorsichtig den Wein aufgießen und Olivenöl darüberträufeln. Bei sehr geringer Hitze ohne Deckel etwa 35 Minuten köcheln lassen oder bis die Flüssigkeit in der Kasserolle auf eine suppige Konsistenz eingekocht ist. Heiß oder gerade lauwarm mit reichlich Brot servieren.

ANGUILLA ALLA NUORESE

AAL NACH ART VON NUORO

Viele Leute müssen sich an den Geschmack von Aal erst gewöhnen, aber wenn man ihn richtig zubereitet, ist er wirklich köstlich und verliert viel von seinem etwas schlammigen Nachgeschmack. Dieses Rezept stammt aus Nuoro auf Sardinien. Den Fisch eventuell vor dem Kochen häuten und unbedingt alle Flossen entfernen.

FÜR 4 PERSONEN

2 Eßlöffel Olivenöl
900 g Aal, in Stücke geschnitten
3 Knoblauchzehen, gehackt
900 g frische Tomaten, gehäutet, entkernt und gehackt
½ Teelöffel Tomatenmark, Salz und Pfeffer
1 Handvoll frische Petersilie, gehackt
1 Handvoll frisches Basilikum, gehackt

Den Aal enthäuten, wenn sich unter der Haut eine Fettschicht befindet, und in Stücke schneiden. Das Öl in einem schweren Topf erhitzen, die Aalstücke hineingeben und rundherum bräunen, dann aus dem Öl nehmen und beiseite stellen. Den Knoblauch in das Öl geben und 2 Minuten anbraten, dann die Tomaten und das Tomatenmark zufügen, umrühren und würzen. Etwa 10 Minuten kochen lassen, dann den Aal wieder in den Topf geben. Zugedeckt 5–8 Minuten garen, je nach Dicke der Fischstücke. Mit Kräutern bestreut direkt aus dem Topf servieren.

LUCCIO IN STUFATO

GESCHMORTER HECHT

Hecht ist einer jener Fische, die etwas schwierig zuzubereiten sind, weil ihr Geschmack und ihre Beschaffenheit Grenzen setzen. In den Seen der Lombardei kommt er reichlich vor, und in dieser Gegend wird er mit Rotwein und Gemüse nach diesem Rezept geschmort. Das Gericht kann mit jedem fetteren, fleischigen Fisch zubereitet werden – Thunfisch eignet sich hervorragend dafür und hat auch nicht so unangenehme kleine Gräten wie Hecht.

FÜR 4 PERSONEN

1 Hecht, ausgenommen, etwa 570 g
50 g Butter
3 Eßlöffel Olivenöl
225 g kleine Zwiebeln, gehackt
225 g junge, zarte Karotten
2 große Selleriestangen, fein gehackt
Mehl
1 großes Glas kräftiger Rotwein (etwa 150 ml)
Salz und Pfeffer
250 ml kaltes Wasser

Den Hecht waschen und mit einem Messer, das über die Haut gezogen wird, so viele Schuppen wie möglich entfernen. Abtropfen lassen.

Die Butter und das Öl in einer Kasserolle erhitzen, die Gemüse zugeben und weichdünsten. Den Fisch in Mehl wenden, zu den Gemüsen geben und braten, bis er rundherum braun ist. Mit Wein aufgießen und gut würzen. Bei starker Hitze 5 Minuten kochen, um den Alkohol verdampfen zu lassen, dann das Wasser zugießen. Zugedeckt bei milder Hitze eine Stunde lang köcheln. Den Fisch vorsichtig herausnehmen und auf eine warme Servierplatte legen. Die Gemüse aus der Kasserolle durch ein Sieb geben und die Sauce über den Fisch gießen. Sofort servieren.

SARDISCHES BOOT *Eine sardische Bäuerin stakt ein Boot, das mit Schilf beladen ist, über das ruhige Gewässer.*

SCHUTZHÜTTE MIT SCHREBERGARTEN *(S. 92) Diese weißgekalkten Hütten dienen als Unterstände, wenn weit von zu Hause entfernt gearbeitet wird. Sie sind umgeben von Grundstücken, auf denen Gemüse und Obstbäume wachsen.*

TROTELLE AL POMODORO

FORELLE IN TOMATENSAUCE

Wunderbar frische und zarte junge Forellen, die in einer Sauce aus frischen Tomaten, Olivenöl, Petersilie und Knoblauch gegart werden, machen den Reiz dieses köstlichen Gerichts aus den Abruzzen und der Molise aus. Verwenden Sie keine großen Forellen mit dicker Haut.

FÜR 4 PERSONEN

30 g gehackte frische Petersilie
1 Knoblauchzehe, gehackt
50 ml Olivenöl
450 g reife, frische Tomaten, geschält, entkernt und gehackt
½ Teelöffel Tomatenmark
Salz und Pfeffer
4 kleine Forellen, Gesamtgewicht etwa 800 g, ausgenommen und gesäubert

Die Petersilie und den Knoblauch mit dem Olivenöl in einen Topf geben, der groß genug ist, um alle Fische aufzunehmen, und 1–2 Minuten anbraten. Die Tomaten und das Tomatenmark dazumischen. Mit Salz und Pfeffer würzen, dann etwa 5 Minuten köcheln lassen.

Die Forellen in die Tomatenmischung legen und die Tomaten darüberlöffeln, so daß die Fische etwa halb bedeckt sind. Zugedeckt etwa 20 Minuten garen; mit einem trockenen Weißwein, etwa einem Frascati, servieren.

BORETO ALLA GRAISANA

STEINBUTT AUS GRADO

Dieses einfache, aber ausgezeichnete Gericht, das an seinem Herkunftsort immer mit weicher, cremiger weißer Polenta serviert wird, läßt den zarten Fischgeschmack durchscheinen.

FÜR 3–4 PERSONEN

etwa 50 ml Olivenöl
3 ganze Knoblauchzehen
450 g Steinbutt, gesäubert, unzerteilt
Salz und Pfeffer
guter Weinessig

Das Öl in einer Pfanne erhitzen, die groß genug ist, um den ganzen Fisch aufzunehmen. Den Knoblauch hineingeben und braten, bis er dunkelbraun ist. Herausnehmen und den Fisch in das heiße Öl legen. Mit Salz und Pfeffer bestreuen und etwas Weinessig darüberträufeln. 5 Minuten braten, dabei das heiße Öl mit einem Löffel über den Fisch gießen.

Den Fisch bis zur Hälfte mit Wasser aufgießen. 10–12 Minuten weitergaren, bis der Fisch gar ist. Heiß mit Polenta servieren.

MUGGINE AL SALE

MEERÄSCHE IN SALZ GEBACKEN

Für dieses Rezept eignet sich jeder Fisch mit einer dicken, schuppigen Haut, aber er muß unbedingt frisch gefangen und recht groß sein, mindestens gut 1 kg. Je nach Größe des Fisches kann man bis zu 10 Personen damit bewirten. Wundern Sie sich nicht, daß nur so wenige Zutaten verwendet werden: Wenn der Fisch auf diese Art gebacken wird, schmeckt er wundervoll nach Meer und nach Fisch – und nichts verfälscht den Geschmack!

FÜR 4 PERSONEN

1 kg Meeräsche, Dorade oder anderer großer Fisch mit schönen Schuppen, weder ausgenommen noch geschuppt
Steinsalz

Den Fisch lediglich waschen, nicht zerteilen oder sonstwie verletzen. Den Boden einer feuerfesten Form, die groß genug ist, um den Fisch bequem aufzunehmen, mit einer 7,5 cm dicken Lage Steinsalz bedecken.

Den Fisch darauflegen und völlig mit einer Salzschicht bedecken, die bis zu 7,5 cm dick sein kann. Mit den Handballen die Salzdecke gut festdrücken.

Im Ofen bei mäßiger Hitze (190° C, Gas: Stufe 2–3) eine Stunde backen, dann die Salzkruste aufbrechen. Mit dem Salz gleich die Haut entfernen und den duftenden Fisch freilegen. Sofort servieren. Als zusätzliche Attraktion können Sie das Salz auch erst am Tisch entfernen.

MUGGINE AL SALE

VIA ROMA

CUSCUSU

SIZILIANISCHER KUSKUS

Der Kuskus, ein arabisches Gericht, ist im östlichen Sizilien sehr beliebt. Die Hausfrauen bereiten es regelmäßig zu und besitzen daher auch die geeigneten Geräte. Zuerst wird der Kuskus gemacht, der dann gedämpft wird und später mit einem köstlichen Fischeintopf serviert wird, der ebenfalls Kuskus heißt. Man kann getrockneten nordafrikanischen Kuskus bereits fertig kaufen, die Kochzeit ist jedoch genauso lang wie für frischen. Wenn Sie 1 kg Instant-Kuskus verwenden, weichen Sie ihn zuerst 10 Minuten in kochender Fischbrühe ein und lockern dann die Körner mit einer Gabel. Oder servieren Sie den Fisch-Kuskus mit Reis. In diesen Fällen würde ich Safran in den Fischeintopf geben.

FÜR 6 PERSONEN

SELBSTGEMACHTER KUSKUS

200 g feiner Weizengrieß
200 g grobkörniger Weizengrieß
¼ Teelöffel Safranpulver
100 ml heißes Wasser
60 ml Olivenöl
1 Teelöffel gemahlener schwarzer Pfeffer
1 große Prise gemahlener Zimt
1 große Prise gemahlene Muskatnuß
Fischbrühe oder Wasser zum Dämpfen

FISCHEINTOPF

2 Knoblauchzehen, gehackt
50 ml Olivenöl
1 Handvoll frische Petersilie, gehackt
1 große Zwiebel, in Scheiben geschnitten
1 Lorbeerblatt
3 Dosentomaten, entkernt und gehackt
1,2 kg gemischter Fisch, wie Makrele, Kabeljau oder Pollack und Aal, gesäubert und ausgenommen
Salz und Pfeffer

Die beiden Weizengrieß-Sorten sorgfältig miteinander mischen. Den Safran in heißem Wasser auflösen, dann einen Teelöffel aufgelösten Safran zusammen mit einer Handvoll Weizengrieß in eine große, weite Schüssel geben. Den Weizengrieß über den Boden und die Seiten der Schüssel reiben, um ihn körnig zu machen (die einzelnen Körner sollten nicht größer sein als ein Pfefferkorn), dann den Kuskus herausnehmen und auf einem sauberen Tuch ausbreiten.

Den gesamten Weizengrieß auf diese Weise verarbeiten, immer jeweils eine kleine Menge mit etwas hellem Safranwasser. Ausgebreitet zum Trocknen liegen lassen.

Die Brühe oder das Wasser in einen Topf gießen und einen großen Metallseiher darüberhängen. Den Rand zwischen Topf und Seiher mit einem Tuch abdichten, damit beim nächsten Kochgang kein Dampf entweichen kann.

Den Kuskus in den Seiher geben und das Olivenöl darüberträufeln. Mit den Händen vermischen. Dann ein schweres, sauberes Tuch über die Körner legen und mit einem Topfdeckel verschließen. Die Flüssigkeit zum Kochen bringen und den Kuskus bei sehr geringer Hitze 1½ Stunden im Dampf garen.

Nach etwa einer Stunde Kochzeit mit dem Fischeintopf beginnen. Den Knoblauch, die Petersilie und die Zwiebel im Öl etwa 3 Minuten anbraten, dann das Lorbeerblatt und die Tomaten dazugeben. 5–6 Minuten garen, dann den gesamten Fisch zufügen und mit Salz und Pfeffer würzen. Etwa 600 ml Wasser, genug, um den Fisch zu bedecken, hineingießen, dann mit einem Deckel verschließen und etwa 25 Minuten köcheln lassen.

Wenn der Kuskus fertig ist, in eine Schüssel geben, mit etwa 5 Eßlöffel von der Flüssigkeit, die zum Dämpfen benutzt wurde, beträufeln und gut durchrühren, damit sich die Körner voneinander lösen. Mit einem Topfdeckel verschließen, die Schüssel in eine Wolldecke oder ein Handtuch wickeln und zum Quellen 1 Stunde an einen warmen Ort stellen.

Wenn der Fisch fertig ist, die Stücke mit einem Schaumlöffel herausheben und warm stellen. Die Fischbrühe durch ein Sieb gießen – es sollten etwa 500 ml Flüssigkeit sein. Die Hälfte davon in eine andere Kanne füllen und etwas abkühlen lassen, damit sie ein bißchen eindickt, und später als Sauce verwenden. Währenddessen muß der Kuskus mit so viel Fischbrühe, wie er aufnehmen kann, alle 15 Minuten beträufelt werden. Jedes Mal umrühren, damit die Körner nicht aneinander kleben. Warm halten. Nach einer Stunde den Kuskus mit Pfeffer, Zimt und Muskatnuß und etwas von der zurückbehaltenen Fischbrühe anrichten. Den heißen Fisch auf den Kuskus legen und sofort servieren.

ALTES HAUS AM KAI *Dieses alte Haus mit seinen Fenstern im arabischen Stil stammt wahrscheinlich noch aus dem Mittelalter.*

VRUOCCOLI AFFUCATI *(S. 102)*

GEMÜSE UND SALATE

In Italien wird Gemüse mit Phantasie und Respekt behandelt. Den Hauptprodukten – Auberginen, Tomaten und Paprikaschoten – wird ebensoviel Aufmerksamkeit gewidmet wie den weniger gebräuchlichen Gemüsen, wie Mangold, Schwarzwurzeln und weißen Rüben.

Wer jemals einen italienischen Markt besucht hat – und sei es in einem winzigen Dorf – oder eines der vielen kleinen Obst- und Gemüsegeschäfte, wird von der außerordentlichen Vielfalt der angebotenen Gemüse- und Salatsorten überrascht gewesen sein. Sogar in der einfachsten »trattoria« wird Ihnen ein »insalata mista« mit mindestens vier verschiedenen Arten von Salat oder Gemüse serviert. Einfach gekochtes Gemüse wird als etwas angesehen, das man höchstens ißt, wenn man sich nicht wohl fühlt!

In Italien wird Gemüse mit Phantasie und Respekt behandelt, was ein Blick auf die folgenden Rezepte bestätigt. Roher Kohl, in einer Pfanne mit Olivenöl, Paprika und Knoblauch sautiert, schmeckt wirklich köstlich, und auch für Auberginen, Paprikaschoten und Zucchini gibt es unzählige Rezepte. Sogar ganz einfacher Blumenkohl wird zu einem vorzüglichen Gericht, wie die Abbildung auf der vorhergehenden Doppelseite zeigt. Für Gemüsegerichte gibt es eine Unmenge an Rezepten und eine Fülle von Zutaten. Um sicher zu sein, daß die verwendeten Produkte auch wirklich frisch sind, geht die Köchin am liebsten jeden Tag zum Einkaufen. Auf dem Markt hält sie nach dem Stand Ausschau, der die schönsten Artischocken anbietet, dann geht sie auf die Suche nach dem besten Spinat und kauft schließlich die Tomaten wieder an einem anderen Stand.

Für jede Jahreszeit gibt es auch typische Gemüsesorten, und obwohl sich dies in neuerer Zeit durch Treibhausproduktion etwas verschieben mag, repräsentieren Tomaten, Paprikaschoten, Zucchini und Kopfsalat für mich immer noch den Sommer. Zarter, junger Spinat und Erbsen zeigen mir, daß der Frühling ins Land gekommen ist. Sellerie, Artischocken und Pilze gehören zum Herbst und Lauch, Kohl und Kartoffeln zum Winter.

Bei uns zu Hause in der Toskana pflegten wir nahezu alle erforderlichen Produkte des Sommers selbst anzubauen, und es war ein richtiges Vergnügen, die sonnenwarmen Tomaten, die kleinen, grünen Bohnen und die leuchtend smaragdgrünen Zucchini mit ihren hübschen orangefarbenen Blüten zu pflücken. Gedüngt wurde entweder mit Hühner- oder Kaninchendung oder wir holten Stallmist von einem Hof in der Nachbarschaft. Selbst wenn wir Gemüse kauften, gingen wir höchstens zu einem Kleinbauern in der Nähe. Keiner von uns träumte im Winter von Tomatensalat oder im August von Polenta mit Schweinswürstchen. Der Winter war die Zeit der Kürbisse und des Kohls sowie der Bohnen und Kichererbsen. Wir wußten, daß man vernünftige Tomaten, die auch wirklich nach Tomaten schmecken, nicht ohne Sonne anbauen kann.

In Süditalien bezeichnet man die Tomate als »Rotes Gold«, da sie zu den wichtigsten Einkommensgrundlagen dieser Region gehört. Auf riesigen Feldern warten die Eiertomaten darauf, gepflückt, eingedost und in die ganze Welt verschickt zu werden. Sie haben die südliche Sonne genossen und schmecken oft sehr viel besser als Ihre frischen einheimischen Tomaten.

In Norditalien sind Kartoffeln, Kohl und rote Bete sehr beliebt – sie wachsen in Fülle auf den Feldern und werden gern in der Küche verwendet. In den Gebieten nahe der österreichischen Grenze ist Sauerkraut sehr verbreitet und beliebt. In Mittelitalien bevorzugt man Gemüsesorten wie Spinat, Mangold, Erbsen und Artischocken. In den Regionen Latium und Umbrien kennt man unzählige köstliche, phantasievolle Gerichte mit diesen Gemüsesorten. Spargel ist überall beliebt, aber der beste Spargel soll angeblich aus der Lombardei kommen.

Zu meiner Überraschung mußte ich feststellen, daß die traditionellen italienischen Gemüsegerichte nicht sehr bekannt sind – ich persönlich bin der Meinung, daß für die italienische Küche Gemüse ebenso repräsentativ ist wie Pasta. Ich habe mich bemüht, in diesem Kapitel eine repräsentative Zusammenstellung von Gerichten aus dem ganzen Land zu finden – viele davon gehören zu meinen Lieblingsgerichten, und die notwendigen Zutaten lassen sich sicherlich überall problemlos finden. Sie werden Ihnen bestimmt hervorragend schmecken.

FAGIOLI STUFATI

BOHNENGEMÜSE

Falls Sie das Glück haben, frische Canellini-Bohnen zu finden, werden Sie in den vollen Genuß dieses Rezeptes kommen, und dann werden Sie auch verstehen, warum man die Bewohner der Toskana liebevoll als »Bohnenesser« bezeichnet. Sind frische Bohnen nicht erhältlich, nehmen Sie am besten getrocknete oder als letzte Möglichkeit Bohnen aus der Dose, die Sie aber sorgfältig unter laufendem Wasser abspülen sollten. In einigen Teilen der Toskana mischt man auch Thunfischstücke oder in Streifen geschnittenen eingelegten Hering darunter.

FÜR 4 PERSONEN

900 g frische Canellini-Bohnen oder
450 g getrocknete, über Nacht eingeweicht, oder
drei 430-g-Dosen
4 Salbeiblätter
Salz und Pfeffer
Olivenöl aus erster Pressung
Saft einer Zitrone

Die frischen Bohnen putzen und in einen feuerfesten Tontopf geben bzw. eingeweichte getrocknete Bohnen in frischem Wasser zum Kochen bringen, das Wasser abgießen und sorgfältig spülen. Dosenbohnen spülen und Wasser abgießen. Den frischen oder eingeweichten getrockneten Bohnen die dreifache Volumenmenge an frischem Wasser zugeben. Die Salbeiblätter und reichlich Salz und Pfeffer zufügen. Die Bohnen zugedeckt bei sehr schwacher Hitze etwa 4 Stunden sieden lassen. Sie sollen dabei nicht zum Kochen kommen. Nach einer Stunde Garzeit öfter nachsehen: Ist die Temperatur zu hoch, besteht die Gefahr, daß sie zu früh gar und schrecklich breiig werden. Die meisten Dosenbohnen sind zwar bereits gekocht, können aber dennoch in etwas Wasser 30 Minuten garziehen, damit sie das Aroma der Salbeiblätter aufnehmen. Im Idealfall sollten die Bohnen das gesamte Wasser aufnehmen und dann im Kochtopf gewürzt werden. Bei einer Kochzeit von 4 Stunden können sie das Vierfache ihres Volumens an Wasser aufnehmen. Gelingt dies nicht ganz nach Maß, und die Bohnen sind bereits gar, bevor das gesamte Wasser absorbiert ist, abgießen und in den Topf zurückgeben. Ausreichend Olivenöl und den Zitronensaft darübergießen und eventuell nachwürzen. Heiß servieren.

SCORZONERA IN UMIDO

SCHWARZWURZELGEMÜSE

Dieses ungewöhnlich aussehende Gemüse mit seinen dunkelbraunen, spitz zulaufenden Wurzeln hat ein saftiges, weißes Inneres. Es ist in der Tat äußerst gesund und hat einen etwas süßlichen Geschmack. In Ligurien kocht man daraus, zusammen mit Eidottern und Zwiebeln, ein nahrhaftes vegetarisches Gericht. Falls Schwarzwurzeln nicht erhältlich sind, können Sie auch Bocksbart verwenden, der zwar nicht verwandt, doch sehr ähnlich ist.

FÜR 4 PERSONEN

800 g Schwarzwurzeln oder Bocksbart
Saft einer halben Zitrone
1 Zwiebel, fein gehackt
1 Handvoll Petersilie, fein gehackt
3 Eßlöffel Olivenöl
Salz
1 Eßlöffel Mehl
etwa 650 ml Gemüsebrühe
3 Eidotter, mit dem Saft einer weiteren Zitrone verquirlt

Schwarzwurzeln abschaben und in eine Schüssel mit kaltem Wasser und Zitronensaft geben, da sie sich ansonsten sehr unansehnlich verfärben.

Olivenöl, Zwiebeln und Petersilie in einen mittelgroßen Kochtopf geben und über schwacher Hitze so lange dünsten, bis die Zwiebeln glasig sind. Schwarzwurzeln abgießen, trocknen und in Stücke schneiden, die etwa der Größe eines kleinen Fingers entsprechen. In den Topf geben, umrühren und 5 Minuten schwach andünsten.

Das Mehl hineinstreuen, erneut umrühren und mit Gemüsebrühe aufgießen. Zugedeckt 20 Minuten köcheln lassen, gelegentlich nachschauen, damit es nicht anbrennt. Wenn die Schwarzwurzeln gar sind, Menge der Flüssigkeit überprüfen – etwa 400–425 ml sind nötig. Die Eier- und Zitronenmischung darübergießen und die Sauce etwa 3–4 Minuten eindicken lassen. Als leichten zweiten Gang heiß servieren. Das Gericht paßt außerdem hervorragend zu in Scheiben geschnittenem gekochten Rindfleisch.

PISELLI IN BARDINO

ERBSENGEMÜSE MIT KNOBLAUCH

In den fruchtbaren Marken werden frische Erbsen mit einer Vielzahl von Zutaten kombiniert. Mit diesem Rezept können Sie aber auch Dosenerbsen und tiefgefrorene Erbsen verfeinern. Damit nach dem Entschoten 450 g Erbsen übrigbleiben, müssen Sie etwa 1,4 kg Erbsen mit Schote kaufen.

Dieses Erbsengemüse ist ein beliebtes »cotorno« für viele einfache, sautierte Gerichte Italiens, wie z. B. junge Kammmuscheln oder Brathähnchen. Wesentlich häufiger jedoch versteht man unter »cotorno« eine Beilage, die zusammen mit dem Hauptgericht gereicht wird.

FÜR 4 PERSONEN

450 g ausgepalte Erbsen
(frisch, tiefgekühlt oder aus der Dose)
1 große Zwiebel, gehackt
2 Knoblauchzehen, gehackt
75 g Butter
Salz
1 große Prise getrockneter Origano
150 ml Rindfleisch-, Hühner- oder Gemüsebrühe

Frische Erbsen aus den Schoten lösen und in eine Schüssel mit kaltem Wasser legen. Zwiebel und Knoblauch langsam in Butter andünsten, bis die Zwiebel glasig ist, dann die abgetropften Erbsen hinzufügen und mit Salz und Origano bestreuen. Etwas Brühe zugeben. Gut verschließen und bei sehr geringer Hitze 30 Minuten köcheln lassen, dabei gelegentlich umrühren. Gefrorene Erbsen brauchen etwa 15 Minuten. Sehr heiß servieren.

VRUOCCOLI AFFUCATI

BLUMENKOHLGEMÜSE

In Sizilien ist Blumenkohl sehr beliebt und taucht in den verschiedensten Rezepten auf. Das einheimische Gemüse ist von leuchtend smaragdgrüner Farbe und hat einen wesentlich intensiveres Aroma als gewöhnlicher Blumenkohl. Doch selbst der weißeste, langweiligste Blumenkohl wird einfach köstlich schmecken, nachdem er mit Oliven, Sardellen, Zwiebeln und Käse in Rotwein geschmort wurde!

FÜR 4–6 PERSONEN

800 g Blumenkohl, in Röschen zerteilt
1 große Zwiebel, fein geschnitten
3 Eßlöffel Olivenöl
3 gesalzene Sardellen, filetiert und gewaschen
55 g Pecorino oder Parmesan, grob gerieben
12 schwarze Oliven, entkernt
Salz
1 Glas Rotwein (etwa 115 ml)

Blumenkohl in kochendem Wasser 60 Sekunden blanchieren. Abgießen und beiseite stellen. Zwiebel im Olivenöl andünsten. In Italien verwendet man einen feuerfesten Tontopf, der auch am Eßtisch aufgetragen werden kann. Die Sardellen hacken, die Hälfte zu den Zwiebeln geben, dann 1 Eßlöffel Käse und 4 gehackte Oliven zugeben.

Diese Mischung mit Blumenkohlröschen bedecken. Die restlichen Oliven hacken und einige Olivenstückchen über den Blumenkohl streuen. Einige Sardellen dazugeben und mit Käse bestreuen. Salzen, erneut Blumenkohl zugeben, dann weitere Oliven, Sardellen, Käse und etwas Olivenöl. In dieser Reihenfolge einschichten, bis alle Zutaten aufgebraucht sind. Rotwein darübergießen, mit einigen Tropfen Olivenöl beträufeln und mit einem gutschließenden Deckel versehen. Auf dem Ofen bei sehr kleiner Hitze 45 Minuten köcheln lassen. Es ist ein ideales Gericht für den Rand der Herdplatte eines Kohle- oder Holzofens. Bei einem normalen Herd sollte die Temperatur nur sehr niedrig eingestellt sein. Nicht umrühren und die Schichten zerstören.

Heiß oder kalt mit reichlich knusprigem Bauernbrot oder Knoblauchbrot servieren.

GEMÜSEMARKT *Pfirsiche, Melonen, rote Paprikaschoten, Zucchinis und herrliche Eiertomaten – diese frischen Früchte und Gemüse sind ebenso aromatisch wie farbenprächtig.*

SI EFFETTUANC
CONSEGNE
A DOMICILIO
VIETATO
GARCIA SEVA S.L.

MELANZANE AL FORNO

GEBACKENE AUBERGINEN

Dieses schmackhafte sommerliche Auberginengericht stammt aus Apulien. Es enthält alle Köstlichkeiten des Südens – Kapern, Oliven, Pecorino und natürlich die samtig weiche orientalische Konsistenz der herrlichen Aubergine.

FÜR 4 PERSONEN

4 kleine Auberginen
4 Eßlöffel Semmelbrösel
4 Eßlöffel geriebener Pecorino oder Parmesan
55 g schwarze Oliven, entkernt und gehackt
5 Eßlöffel Olivenöl
Salz und Pfeffer
1 Handvoll frische Petersilie, fein gehackt
1 Handvoll Kapern, gewaschen und gehackt
1 Handvoll Semmelbrösel

Die Auberginen der Länge nach halbieren. Mit einem kleinen Messer sehr vorsichtig das Fruchtfleisch herauslösen. Fruchtfleisch hacken und zubereiten wie in dem Kapitel über die Zutaten beschrieben. Mit frischen Semmelbröseln und Käse vermischen. Die Oliven zugeben und diese Mischung in der Hälfte des Öls 5 Minuten anbraten.

In der Zwischenzeit die 8 Auberginenhälften in einen Topf mit kochendem Salzwasser geben und 5 Minuten kochen lassen. Petersilie, Kapern und das restliche Öl zu der gebratenen Auberginenmischung geben. Großzügig würzen.

Die halbierten Auberginen abgießen, vorsichtig trocknen und dann füllen. Die gefüllten Auberginen in eine gefettete feuerfeste Form legen und mit Semmelbröseln bestreuen. Im heißen Ofen (200 °C, Gas: Stufe 3) 20 Minuten backen. Heiß oder kalt als köstliche Vorspeise oder als Teil einer vegetarischen Mahlzeit servieren.

SPINACI ALLA ROMANA

SPINAT AUF RÖMISCHE ART

In Latium werden die meisten Gemüsesorten Italiens angebaut. Seit vielen Jahrhunderten ist die Campagna Romana der Garten Roms. In diesem köstlichen und ungewöhnlichen Rezept erhält der italienische Spinat eine ganz besondere Würze.

FÜR 4 PERSONEN

55 g Sultaninen
900 g frischer Spinat
55 g Butter
2 Eßlöffel Olivenöl
1 Knoblauchzehe, zerdrückt
55 g Pinienkerne
Salz

Die Sultaninen 15 Minuten lang in warmem Wasser einweichen, dann abgießen. In der Zwischenzeit den Spinat sorgfältig waschen, putzen und ohne Flüssigkeit in einem gut schließenden Topf weichdünsten. Abkühlen lassen, dann mit den Händen ausdrücken.

ITALIENISCHER STRASSENMARKT *Den Gesichtern der Einkäufer ist die Konzentration abzulesen, mit der sie auf der Suche nach den besten und frischesten Waren sind.*

Die Butter zusammen mit dem Olivenöl in einer Pfanne schmelzen, Knoblauch darin knusprig braten und anschließend entfernen. Die Pinienkerne hinzufügen und schwenken, bis sie braun sind, dann herausnehmen. Den ausgedrückten Spinat und die Sultaninen in die Pfanne geben und mit zwei Gabeln den Spinat wenden, um ihn von allen Seiten mit Butter und Öl zu bedecken. Die Pinienkerne einrühren und mit Salz abschmecken. 5–10 Minuten erhitzen und dabei mit den Gabeln wenden. Sofort servieren.

COSTE AL POMODORO

MANGOLD MIT TOMATEN

Mangold ist in ganz Italien ein beliebtes Gemüse, besonders aber in der Region um Rom. Mangold ist problemlos anzubauen und zeichnet sich durch seinen unverkennbaren Geschmack und seine besondere Beschaffenheit aus. Er gehört zu jenen Gemüsesorten, die als Ziergemüse auch in einer Rabatte wachsen können. Sollte Mangold aber dennoch für Sie nicht erhältlich sein, ist Römischer Salat die beste Alternative.

FÜR 4 PERSONEN

800 g Mangold oder große dunkelgrüne Salatblätter
60 ml Olivenöl
2 Knoblauchzehen, leicht zerdrückt
3 gesalzene Sardellen oder 6 Sardellenfilets in Öl
6 Dosentomaten, entkernt
Salz und Pfeffer

Die dicken, weißen Stiele von den dunkelgrünen Mangoldblättern entfernen und in einen Topf mit reichlich kochendem Wasser geben. Etwa 8 Minuten kochen. Alternativ die Salatblätter blanchieren. Abgießen und trocknen, dann sehr grob in breite Streifen hacken.

Das Öl in einer großen Pfanne erhitzen, Knoblauch zufügen und braten, bis er braun ist, dann entfernen. Sardellen und Tomaten zufügen. Die Zutaten unter das Öl mischen und alles miteinander verrühren, dann Mangold oder Salat zugeben. In der Sauce wenden und mit Salz und Pfeffer würzen. 5–10 Minuten erhitzen, dann heiß servieren.

MOTORRAD MIT GEMÜSE *Diese praktische Maschine ist die Weiterentwicklung der Vespa und bekannt als »Ape« (Biene). Sie ist das ideale Transportmittel für die Erzeugnisse kleinerer Höfe.*

VERZOLINI DELLA VIGILIA

HEILIG-ABEND-KOHL

Eine sehr ungewöhnliche Weihnachtsspezialität für Heiligabend, an dem man in Italien traditionellerweise kein Fleisch ißt. Es ist ein deftiges, einfaches und geschmackvolles Gericht aus gefüllten, in Tomatensauce gekochten Kohlblättern und kommt aus der Provinz Parma. Servieren Sie es als Vorspeise, 4–5 Blätter pro Person, oder mit Salat als vegetarisches Hauptgericht.

ERGIBT 24 GEFÜLLTE KOHLBLÄTTER

570 g zarte, kleine Blätter eines großen Kohlkopfes
75 g altbackenes Weißbrot
6 Eßlöffel Milch
225 g frisch gemahlener Parmesan
3 Eier, verquirlt
115 g Semmelbrösel
Salz und Pfeffer
3 Eßlöffel Olivenöl
30 g Butter
1 Zwiebel, fein gehackt
8 Dosentomaten, entkernt
1 Eßlöffel Tomatenmark
Brühe

Das altbackene Brot 10 Minuten in der Milch einweichen. Kohlblätter waschen. Einen Topf mit Wasser zum Kochen bringen und darin die Kohlblätter 8 Minuten blanchieren, das Wasser abgießen und die Blätter auf einer Arbeitsfläche flach ausbreiten. Die 24 besten Blätter auswählen und die restlichen fein hacken.

Weißbrot ausdrücken, mit Parmesan, Eiern und Semmelbröseln vermischen und gut würzen. Den gehackten Kohl unterrühren.

Auf jedes Kohlblatt etwas von der Mischung geben. Die Seiten einschlagen, zu einem Päckchen aufrollen und mit einem dünnen Faden verschnüren.

Die Hälfte des Öls und der Butter in einer Pfanne erhitzen und die Kohlpäckchen darin von allen Seiten anbraten. Aus der Pfanne nehmen und beiseite legen. In der restlichen Öl- und Buttermischung die Zwiebel glasig dünsten und die durchgedrückten Tomaten und das Tomatenmark zugeben. Umrühren und 15 Minuten einkochen lassen, eventuell noch etwas Brühe zugeben.

Die angebratenen Päckchen in die Sauce legen. Zugedeckt bei geringer Hitze 1 Stunde kochen und Brühe aufgießen, sobald die Sauce eintrocknet. Die Fäden entfernen und die Kohlblätter heiß servieren.

POMODORI RIPIENI ALL'UMBRA

GEFÜLLTE TOMATEN AUF UMBRISCHE ART

Damit dieses Gericht gelingt, brauchen Sie große, rote, runde Tomaten, die für einen Salat schon etwas zu weich sind. Dieses köstliche, einfache Rezept aus Umbrien kann als Vorspeise oder auch als Beilage zu Braten oder sogar als Teil eines vegetarischen Hauptgerichts zusammen mit einem Auberginengericht, einem Paprikagericht und vielleicht einem Zucchini- oder Bohnengericht serviert werden.

FÜR 4 PERSONEN

4 große, reife, runde Tomaten oder 8 kleine Tomaten
Salz und Pfeffer
½ Teelöffel Tomatenmark
2 Handvoll Semmelbrösel
1 Handvoll frische Petersilie, gehackt
2 Knoblauchzehen, fein gehackt
3 Eßlöffel Olivenöl
2 Eier, verquirlt
Öl zum Einfetten

Tomaten waschen und horizontal halbieren. Fruchtfleisch vorsichtig entfernen und die Innenseite der Tomate salzen. Mit der Öffnung nach unten auf eine Abtropfschale legen.

Die Semmelbrösel mit reichlich Salz, Pfeffer, Tomatenmark, Petersilie, Knoblauch, Öl und Eiern vermischen, dann diese Mischung in die Tomaten füllen. Tomaten in eine geölte, feuerfeste Form legen und im heißen Ofen (200° C, Gas: Stufe 3) etwa 15 Minuten backen. Sofort servieren.

POMODORI A RAGANATI

ÜBERBACKENE TOMATEN

Der Fachausdruck »a raganati« stammt aus Apulien und bedeutet das gleiche wie »au gratin«; die Speisen werden mit Semmelbröseln bedeckt und im Ofen gebacken, bis sie golden sind.

FÜR 4 PERSONEN

4 große, reife Fleischtomaten
1 große Handvoll frische Petersilie
1 kleine Handvoll frisches Basilikum
1 sehr kleine Handvoll frische Minze
4 Eßlöffel geriebener Pecorino oder Parmesan
½ Teelöffel Tomatenmark
4 Eßlöffel Semmelbrösel
Salz und Pfeffer
Olivenöl

Tomaten waschen und horizontal halbieren. Kräuter waschen und trocknen, fein hacken und mit dem geriebenen Käse, dem Tomatenmark und den Semmelbröseln vermischen. Ist der Käse sehr aromatisch, mehr Brösel als Käse nehmen, ist der Käse mild, mehr Käse als Semmelbrösel nehmen. Nach Geschmack mit Salz und Pfeffer abschmecken.

Tomaten entkernen. Die 8 Hälften in eine geölte, feuerfeste Form geben. Jede Hälfte mit der Mischung aus Kräutern, Semmelbröseln und Käse füllen und bedecken. Mit etwas Öl beträufeln und im heißen Ofen (220° C, Gas: Stufe 3) 15 Minuten backen. Tomaten kalt, heiß oder lauwarm servieren.

PEPERONI IMBOTTITI

GEFÜLLTE PAPRIKASCHOTEN

Der Erfolg dieser herrlichen Sommerspezialität aus der Umgebung von Neapel hängt von der Süße und Saftigkeit der Paprikaschoten ab. Sie müssen rot und gelb sein und vorsichtig über einer Flamme angesengt werden, damit die transparente Haut vollständig entfernt werden kann.

Eine Alternative zu dieser Füllung sind kleine weichgekochte Nudeln, gewürzt mit Olivenöl, Kapern, gehackten Sardellen und Oliven.

FÜR 4 PERSONEN

4 saftige, dicke rote und gelbe Paprikaschoten
3 Eßlöffel Olivenöl
115 g leicht altbackenes Weißbrot, in Würfel geschnitten
30 g Sardellenfilets, in dünne Streifen geschnitten
30 g schwarze Oliven, entkernt und gehackt
1 Teelöffel Kapern, gewaschen und gehackt
1 große Knoblauchzehe, fein gehackt
1 Prise getrockneter Origano
Salz und Pfeffer

Jede Paprikaschote auf eine langstielige Gabel spießen und einzeln über einer Flamme drehen, bis die Haut überall Bläschen wirft und sich schwarz färbt. Die äußere Haut vorsichtig mit den Fingern abreiben, dabei aber das Fleisch nicht verletzen.

Das Ende ohne Stengel abschneiden und vorsichtig alle Kerne und Innenhäute entfernen.

In einer Bratpfanne genügend Öl erhitzen, um die Brotwürfel darin zu fritieren, bis sie goldgelb sind. Mit einem Schaumlöffel herausnehmen und auf Küchenpapier legen. Das fritierte Brot mit den Sardellenstreifen, den Oliven, den Kapern, dem Knoblauch, dem Origano und den gehackten Schotenenden mischen. Gut würzen.

Die Paprikaschoten mit dieser Mischung füllen und aufrecht in eine geölte, feuerfeste Form stellen. Etwas Öl darüberträufeln und im Ofen (120° C, Gas: Stufe 1) etwa 15 Minuten erwärmen, damit sich der Geschmack richtig entfalten kann. Heiß oder kalt servieren.

(S. 112) SPINACI ALLA ROMANA *links (S. 108)*
PANZANELLA *rechts (S. 115)*

PANZANELLA

BROT- UND TOMATENSALAT

Dies ist das perfekte Gericht für einen Sommerausflug: Es kann im voraus zubereitet werden und ist sowohl sättigend als auch köstlich. Meine Mutter erinnert sich noch an ihre Kindheit in der Toskana, als das Meerwasser noch so sauber war, daß das Brot darin eingetaucht wurde, bevor man es dann in ein sauberes Tuch zum Einweichen einwickelte. Heute ist dies leider nicht mehr ratsam.

FÜR 4 PERSONEN

8 dicke Scheiben grobes Bauernbrot
5 große reife Tomaten
1 Gurke
1 große Zwiebel
8 frische Basilikumblätter
6 Eßlöffel Olivenöl
2 Eßlöffel Weinessig
Salz und Pfeffer

Das Brot 5 Minuten in kaltem Wasser einweichen, mit den Händen ausdrücken und in eine Salatschüssel geben.

Tomaten, Gurke und Zwiebel fein schneiden und mit dem Brot vermischen. Die Basilikumblätter in kleine Stückchen zerrupfen und zugeben. Mit Olivenöl und Essig (für ein reichhaltigeres Essen können Sie auch mehr Olivenöl und Essig verwenden) marinieren, mit Salz und reichlich Pfeffer würzen und an einen kühlen Ort stellen, bis der Salat benötigt wird – er sollte mindestens 2 Stunden ziehen.

MAPPINA

WEIHNACHTSSALAT

Dieser Salat ist eine Spezialität aus Kalabrien – ein Weihnachtsfest ohne ihn ist in der Stadt Cosenza nicht denkbar. Er ist sicherlich sehr ungewöhnlich, garantiert nicht schwer, und der Chili wird Ihrer Verdauung guttun.

BOHNENERNTE BEI LIVORNO *In der Toskana sind die Bohnen bereits im Juli erntereif; einige werden frisch in Salaten und Aufläufen gegessen, die verbleibenden getrocknet und für den Winter aufbewahrt.*

FÜR 8 PERSONEN

2 Stauden Frisée oder Escariol
oder eine Mischung aus beidem
4 Eßlöffel Olivenöl
3 Knoblauchzehen, gehackt
1 frische Chilischote und 2 getrocknete Chilischoten,
entkernt und gehackt
Salz

Die Blätter waschen, sorgfältig trocknen und grob hacken. Die Blätter in einer weiten Schüssel mischen und mit Olivenöl beträufeln. Gehackten Knoblauch, Chili und Salz darüberstreuen. Mit einem Teller bedecken und diesen beschweren. An einem kalten Ort 2–3 Tage stehenlassen.

MELANZANE A MANNELLA

AUBERGINENSALAT

Damit diese herrliche Vorspeise gelingt, müssen Sie beim Braten darauf achten, daß die Auberginen nicht ölig werden.

FÜR 8 PERSONEN

4 große Auberginen
Salz und Pfeffer, Öl zum Fritieren
3 Eßlöffel Weinessig
3 Knoblauchzehen, gehackt
1 große Prise getrockneter Origano

Die Auberginen der Länge nach in Scheiben schneiden und in ein großes Sieb legen. Reichlich Salz darüberstreuen und mit einem Teller abdecken. Den Teller beschweren und etwa 1 Stunde stehenlassen.

Das Öl in einer Friteuse auf 195° C erhitzen. In der Zwischenzeit die Auberginenscheiben ausdrücken, waschen und trocknen. Rasch im Öl knusprig und goldfarben braten, dann auf Küchenpapier abtropfen und abkühlen lassen.

In eine feuerfeste Form eine Lage der abgekühlten Auberginenscheiben geben. Essig, Origano und den gesamten Knoblauch darübergeben und gut würzen. Mit den restlichen Auberginen belegen und Essig und Origano darübergeben. Die Form abdecken und im heißen Ofen (180° C, Gas: Stufe 2) 20 Minuten backen. Lauwarm oder kalt servieren.

ZUCCA FRITTA

GEBACKENER KÜRBIS

Kürbis ist in der ganzen Lombardei sehr beliebt, besonders aber in den Gebieten um Mantua, die bereits seit der Zeit des Gonzaga-Hofes im sechzehnten Jahrhundert für ihre Kürbisgerichte berühmt sind.

FÜR 4 PERSONEN

570 g gelber Kürbis
Milch
115 g Butter
Mehl
Semmelbrösel
2 Eier, verquirlt

Kürbis entkernen, in dicke Scheiben schneiden und schälen. Scheiben in einen Topf geben, mit Milch bedecken, zum Kochen bringen und köcheln lassen, bis der Kürbis weich ist, aber noch nicht zerfällt. Abgießen und zum Abkühlen beiseite stellen.

Butter in eine große Pfanne geben und langsam schmelzen lassen. Einen flachen Teller mit Mehl sowie einen zweiten mit Semmelbröseln bestreuen, und die verquirlten Eier in eine flache Schale geben. Die abgekühlten Kürbisstücke zuerst auf beiden Seiten im Mehl wenden, dann in den Eiern und schließlich in den Semmelbröseln.

Bei hoher Hitze die Kürbisscheiben in der heißen Butter von beiden Seiten backen, bis sie knusprig und goldgelb sind. Eventuell noch Butter zugeben. Die gebackenen Scheiben auf Küchenpapier abtropfen lassen und sehr heiß servieren.

FRITTO DI FIORI DI ZUCCA

GEBACKENE KÜRBISBLÜTEN

Wenn Sie selber Zucchini oder Eierkürbis anbauen, wissen Sie sicher, wie viele Blüten man im Vergleich zu den Früchten bekommt! Mit diesem leichten und bekömmlichen Gericht können Sie die herrlichen Blüten verwerten. Da die Blüten manchmal etwas bitter sind, ist es ratsam, sie etwa 30 Minuten in Wasser mit etwas Zitronensaft einzuweichen. Anschließend das Wasser abgießen und die Blüten behutsam trockentupfen.

FÜR 4 PERSONEN

25 Zucchini- oder Eierkürbisblüten
mit Stielen und Fruchtstand
Zitronensaft
2 Eßlöffel Mehl
150 ml kalte Milch
feines Salz
1 Ei, getrennt
Öl zum Ausbacken

Blüten 30 Minuten in Zitronenwasser einweichen, dann leicht das überschüssige Wasser abschütteln; trockentupfen. Stiele und Stempel vorsichtig entfernen und die Blüten auf Küchenpapier beiseite legen und trocknen lassen.

Mehl in die Milch rühren und leicht salzen. Eigelb zufügen. Eiweiß zu steifem Schnee schlagen und unter die Mischung heben.

Öl in einer Friteuse auf 195 °C erhitzen. 5–6 Bluten nacheinander in den Eierteig tunken und gemeinsam im Öl backen, bis sie goldgelb sind. Mit einem Schaumlöffel wenden. Auf Küchenpapier abtropfen lassen und mit Salz bestreuen. Heiß servieren.

PISELLI IN BARDINO *links (S. 102)* ZUCCA FRITTA *rechts*

SEDANI CROGIOLATI

SELLERIE-TOAST

Für dieses köstliche Gericht aus dem Piemont wird Knollensellerie in einer milden Sauce mit viel Butter gekocht und auf getoasteten Bauernbrotscheiben serviert. Auch Steckrüben eignen sich sehr gut für dieses Gericht. Sellerie hat jedoch ein so herrliches Aroma und eine so angenehme Konsistenz, daß ich ihn vorziehe. Wagen Sie den Versuch, ein Viertel der Brühe durch Weißwein zu ersetzen, und fügen sie einige Teelöffel Tomatenmark hinzu. Dieses Gericht ist einfach köstlich und eignet sich als erster Gang oder auch als vegetarisches Abendessen.

FÜR 4 PERSONEN

3 kleine Sellerieknollen, jede etwa 350 g schwer
1 kleine Zwiebel, in sehr dünne Scheiben geschnitten
115 g Butter
1 Eßlöffel Mehl
225 ml Brühe
Salz und Pfeffer
4 dicke Scheiben Bauernbrot
gehackte Petersilie

Sellerie schälen, waschen und in etwa 5 mm dicke Scheiben schneiden. Bei größeren Sellerieknollen die Scheiben halbieren oder vierteln. Einen großen Topf mit Wasser zum Kochen bringen und das geschnittene Gemüse zugeben. Hitze zurückschalten und etwa 20 Minuten kochen lassen.

In der Zwischenzeit die Zwiebel in der Butter weichdünsten. Mehl darunterrühren und kurz anschwitzen. Brühe aufgießen und sorgfältig umrühren.

Sobald die Sauce zu kochen und einzudicken beginnt, den Sellerie zugeben und mit Salz und reichlich Pfeffer würzen. Umrühren und etwa 5 Minuten köcheln lassen. Brot im Ofen rösten oder toasten und auf eine Platte legen. Sellerie und Sauce über den Toast gießen, etwas Petersilie darüberstreuen und sofort servieren.

WEINSTÖCKE IM PIEMONT *Die Reben gedeihen in der reinen Luft dieser bergigen Gegend Italiens besonders gut.*

ZUCCHINE AL GUANCIALE

ZUCCHINI MIT SCHINKEN

Dieses Gericht stammt aus den Marken und wird traditionellerweise mit »guanciale« zubereitet, einer hiesigen Spezialität, die aus Schweinebacke zubereitet wird. Ersatzweise wird auch »pancetta« verwendet, der auf die gleiche Weise geräuchert wird. Das Fett ist reichlich mit magerem Fleisch durchwachsen, und es könnte ebenso geräucherter Hinterschinken oder in Würfel geschnittener durchwachsener Speck verwendet werden. Die Zucchini sollten jung, frisch und zart sein.

FÜR 4 PERSONEN

12 kleine Zucchini
Salz
200 g Pancetta oder geräucherter Hinterschinken, in Streifen geschnitten
1 große Zwiebel, fein geschnitten
50 g gehackte, frische Petersilie
2 Knoblauchzehen, gehackt
4 Eßlöffel Olivenöl
450 g Dosentomaten, entkernt und gehackt
Pfeffer

Zucchini schälen und längs in fingerdicke Streifen schneiden. In einen tiefen Teller legen und mit Salz bedecken, um den Saft herauszuziehen. Etwa 3 Stunden stehenlassen.

Schinken, Zwiebel, Petersilie und Knoblauch im Öl dünsten, bis die Zwiebel weich ist. Sehr reife Dosentomaten enthalten nur sehr wenig Kerne. Tomaten und Saft in die Pfanne geben und dabei mögliche Kerne entfernen. Umrühren und weiterkochen lassen.

Zucchini waschen und trocknen und in die Pfanne geben. Umrühren und etwa 20 Minuten köcheln lassen, dann mit wenig Salz und reichlich Pfeffer würzen. Vor dem Servieren nochmals umrühren.

EIER UND KÄSE

Ein Omelett nach italienischer Art nennt man »frittata«, und es gibt unzählige köstliche Omelett-Variationen; in Italien ist man zu Recht stolz auf das riesige Angebot von Käsesorten und die überaus schmackhaften Käsegerichte.

PIZZA AL FORMAGGIO *links (S. 132)*
FRITTATA ROGNOSA *rechts (S. 123)*

In Italien füllt man Omeletts nicht wie hierzulande, indem die Füllung in das fertige Omelett eingeschlagen wird – sie wird vielmehr schon vor dem Garen mit den verquirlten Eiern vermischt. Alle Omelett-Gerichte in diesem Kapitel werden auf diese Art zubereitet und können sowohl kalt als auch heiß serviert werden. Kalte Omeletts werden oftmals in Stücke geschnitten, zwischen ein frisches, knuspriges Brötchen gelegt und so zum Picknick mitgenommen. Solange meine Hühner es schaffen, täglich 19 Eier zu legen, serviere ich Omeletts sehr gerne als ersten Gang – besonders ein Zwiebel- oder Artischockenomelett oder eine ganze Auswahl unterschiedlicher Omeletts. Mit Ausnahme des Trüffelomeletts sind alle sehr preiswert und einfach zuzubereiten und bestehen aus Zutaten, die man stets zur Hand hat. Wenn Sie das Umdrehen einmal gelernt haben, können Sie leicht die Dicke und Größe variieren. Sollten Sie dabei anfangs Probleme haben, stellen Sie die Pfanne einfach unter den Grill und garen so die Oberfläche.

Verwenden Sie für diese Rezepte nur Qualitätseier von freilaufenden Hühnern. Sollten Ihnen einmal nur Eier aus einer Legebatterie zur Verfügung stehen, dann lassen Sie diese mindestens sechs Minuten garen.

Wenn Parmesan der König der italienischen Käsesorten ist (gefolgt von Grana padano), dann muß Mozzarella die Königin sein – der beste Mozzarella wird aus der vollfetten Büffelmilch gemacht. Auch Ricotta ist sehr beliebt und wird vor allem zu Desserts und beim Kuchenbacken verwendet. Die Italiener machen wegen ihres großen Angebots an Käsesorten genausoviel Aufhebens wie die Franzosen – was durchaus verständlich ist, wenn man die erstaunliche Vielfalt italienischer Käsespezialitäten betrachtet. Einer meiner besonderen Lieblinge ist Caprino, ein cremiger, weißer Ziegenkäse, der wie eine Wurst geformt ist. Besonders köstlich schmeckt er mit einem Dressing aus Olivenöl, Salz und viel frisch gemahlenem schwarzem Pfeffer.

Ein weiteres einfaches, aber äußerst köstliches Käserezept ist folgendes: Eine dünne Schicht Parmesan oder Grana auf einer flachen Platte auslegen und Zitronensaft, Olivenöl, gehackte Petersilie und in Scheiben geschnittene rohe Pilze darübergeben. Die Rezepte in diesem Kapitel haben es mir zwar besonders angetan, aber es gibt natürlich noch viele andere: geschmolzener Gorgonzola mit Polenta z. B., ein Rezept, das ich bereits erwähnt habe; Gorgonzola und Sahne, vermischt mit Spaghetti; die köstlichen Käsefondues der nördlichen Regionen oder der phantastische Salat aus Tomaten und Mozzarella, ein Rezept, das ursprünglich von der Insel Capri stammt und erst mit viel frischem Basilikum voll zur Geltung kommt.

Die meisten dieser Rezepte sind meiner Meinung nach ideal als ein einfaches Essen oder als erster Gang. Das Trüffelomelett ist bei jedem Diner ein großer Erfolg, da der charakteristische Trüffelgeschmack darin voll zur Geltung kommt.

FRITTATA ROGNOSA

SALAMI-KÄSE-OMELETT

Im Piemont verwendet man für dieses Rezept eine besondere Salamisorte, die in Tontöpfen gelagert wird, damit sie weich bleibt. Aber auch jede andere italienische Salami kann verwendet werden, sie sollte allerdings nicht zu hart oder zäh sein. Wenn Sie Wurst mit Haut kaufen, die Haut vor dem Würfeln entfernen.

FÜR 4 PERSONEN

115 g weiche Salami, gewürfelt
5 Eier
8 Eßlöffel frisch gemahlener Parmesan
Salz und Pfeffer

In einer schweren Omelettpfanne die Salami braten, bis das gesamte Fett ausgebraten ist. Eier mit Käse verquirlen und eine Prise Salz und Pfeffer zugeben. Sobald das Salamifett in der Pfanne brutzelt, die Eiermasse darübergießen und bei hoher Hitze die Unterseite goldgelb und knusprig backen.

Auf einen großen Teller oder einen Deckel stürzen und umgedreht in die Pfanne zurückgleiten lassen, um die andere Seite goldgelb zu backen. Heiß mit Salat und Brot servieren.

OMELETTA DI PATATE CRUDE

KARTOFFEL-OMELETT

In Italien versteht man unter einem Omelett etwas völlig anderes als in Frankreich. Eine italienische »frittata« ist ganz und gar durchgebacken und nicht in der Mitte cremig und nahezu flüssig, wie es die Franzosen lieben. Die »frittata« ist absolut flach und enthält zumeist eine Anzahl von Geschmackszutaten, die in der Pfanne gegart werden müssen, bevor die Eier zugefügt werden.

In Italien wird den Kartoffeln ebensoviel Aufmerksamkeit geschenkt wie anderen Gemüsen, etwa Paprikaschoten oder Pilzen. Da in nahezu jedem Haushalt Kartoffeln und Eier stets zur Hand sind, kann dieses Gericht immer schnell zubereitet werden. In einem bescheidenen Bauernhaushalt stellt es – zusammen mit frischem grünem Gemüse oder einem erfrischenden Salat – ein gutes, nahrhaftes Mittagessen dar.

FÜR 4 PERSONEN

1 Scheibe Bacon
in kleine Würfel gehackt
2–3 Eßlöffel Öl oder anderes Fett
4 kleine Kartoffeln, ungeschält, aber gewürfelt
1 kleine Zwiebel, in Ringe geschnitten
5 Eier, verquirlt
Salz und Pfeffer

In einer schweren Omelettpfanne Bacon in 2 Eßlöffel Fett ausbraten. Kartoffeln und Zwiebel zugeben und über kleiner Hitze braten, bis die Zwiebel weich ist, dabei die Kartoffeln oft wenden, damit sie gar werden. Wird eine der Zutaten zu knusprig, etwas Wasser zufügen, vom Pfannenboden ablösen und einen weiteren Eßlöffel Öl zugeben.

Sind die Kartoffeln gar, die Hitze etwas aufdrehen, die Eier zugießen und mit Salz und Pfeffer würzen. Unterseite knusperig und goldgelb backen. Auf einen Teller oder Deckel stürzen und zurück in die Pfanne gleiten lassen und die andere Seite ebenfalls goldgelb backen. Sehr heiß servieren.

FRITTATA ALLA BARCAROLA

FISCHER-OMELETT

Dieses Gericht ist eine Spezialität der ligurischen Riviera und wird sicherlich Erinnerungen an die schillernde Blütenpracht dieser Gegend wachrufen. Sie sollten möglichst gesalzene Sardellen verwenden, denn sie verleihen diesem Omelett einen ganz besonders köstlichen Geschmack.

FÜR 2 PERSONEN

5 Eier
1 Knoblauchzehe, fein gehackt
1 Handvoll frische Petersilie, fein gehackt
3 gesalzene Sardellen, gewaschen, oder 6 Sardellenfilets in Öl
etwa 3 Eßlöffel Olivenöl
3 frische, reife Tomaten, geschält, entkernt und gehackt
½ Teelöffel Tomatenmark (falls nötig)
Salz und Pfeffer

Eier in einer Schüssel verquirlen. Knoblauch, Petersilie und Sardellen in einem Eßlöffel Olivenöl andünsten. Aus dem Faß gekaufte Sardellen entgräten. Filets aus der Dose abtropfen lassen, aber nicht abtrocknen. So lange dünsten, bis sich die Sardellen aufgelöst haben und der Knoblauch weich und breiig ist.

Tomaten zufügen und, falls diese nicht reif genug sind, noch das Tomatenmark beimischen. Mit Pfeffer und wenig Salz würzen, da die Sardellen ja bereits sehr salzig sind. Gut mischen und etwa 5 Minuten köcheln lassen, dann die Mischung zu den Eiern geben. Vermischen und beiseite stellen.

Etwa 2 Teelöffel Olivenöl in einer schweren Omelettpfanne erhitzen, die Eiermasse eingießen und das Omelett bei mittlerer Hitze backen, bis die Unterseite goldgelb und knusprig ist. Auf einen großen Teller oder einen Deckel stürzen und umgedreht wieder in die Pfanne gleiten lassen, um die andere Seite goldgelb zu backen. Auf Küchenpapier das überschüssige Öl abtropfen lassen und dann heiß oder kalt servieren. Ergibt ein Hauptgericht für 2 Personen oder zusammen mit Salat eine Vorspeise für 4 Personen.

FRITTATA DI CIPOLLE

ZWIEBEL-OMELETT

Dieses köstliche Omelett aus Kampanien mit einem Hauch von Minze und dem traditionellen Aroma von Tomaten und Basilikum schmeckt am besten kalt. Es ist ein ideales Picknickgericht, da es sowohl sättigend als auch sehr schmackhaft ist. Wenn Sie sich lieber fettarm ernähren, nehmen Sie einfach nur die Hälfte an Schweinespeck.

FÜR 4 PERSONEN

Olivenöl
115 g fetter Speck, gewürfelt
75 g luftgetrockneter Schinken (Prosciutto crudo),
in einer dicken Scheibe,
in Streifen geschnitten
800 g große Zwiebeln, in Ringe geschnitten
6 frische Minzeblätter, gehackt, oder 1 Prise getrocknete Minze
8 Eier
3 Eßlöffel frisch geriebener Parmesan
2 Eßlöffel geriebener Pecorino
1 Handvoll frisches Basilikum, gehackt, oder
1 Eßlöffel getrocknetes Basilikum
4 reife Tomaten, entkernt und gehäutet
Salz und Pfeffer

Speck zusammen mit einem Eßlöffel Öl in eine schwere Omelettpfanne geben und braten, bis das ganze Fett ausgetreten ist. Dann Prosciutto, Zwiebeln und Minze zugeben und so lange dünsten, bis die Zwiebeln weich sind. Eier in einer Schüssel verquirlen, dann den geriebenen Käse und das Basilikum unterrühren.

Tomaten in Streifen schneiden und in etwas Öl 5 Minuten dünsten. Sobald die Zwiebeln und Tomaten weich sind, beides in die Eiermasse geben, mit Salz und Pfeffer würzen und alles sorgfältig verrühren.

Etwa 6 Eßlöffel Öl in einer schweren Omelettpfanne erhitzen, dann die Eiermasse eingießen. Das Omelett bei geringer Hitze auf der Unterseite goldgelb und knusprig backen, dann auf einen Teller oder einen Deckel stürzen und umgedreht wieder in die Pfanne gleiten lassen. Die Unterseite goldgelb backen, dann auf einen Teller gleiten lassen und kalt servieren.

OLIVENBÄUME MIT LAVENDEL *Wunderschöne duftende Lavendelbüschel halten den Boden um diese gesunden Olivenbäume unkrautfrei.*

FRITTATA DI TARTUFI

TRÜFFEL-OMELETT AUS UMBRIEN

In Umbrien verwendet man die köstliche schwarze Trüffel etwa so wie bei uns Petersilie – in großzügigen Mengen und ohne den Wert auf dem Markt zu beachten! Trüffelstücke aromatisieren dieses rustikale Omelett und machen es zu einer ganz besonderen Spezialität. Die Trüffel müssen absolut frisch sein und dürfen beim Backen der Eiermasse nicht anbraten. Vergewissern Sie sich also, daß das Omelett in der Mitte weich und leicht flüssig bleibt. Falls Trüffel für Sie nicht in Frage kommen, verwenden Sie einfach Trüffelpaste. Eine Freundin probierte es mit einer kleinen Tube aus. Sie schlug vor, erst die Eier zu verquirlen und dann die Paste einzurühren, damit sie sich nicht zu sehr auflöst. Das Omelett erhält dadurch eine interessantere Farbe und Beschaffenheit und wird nicht einfach nur grau.

FÜR 2–4 PERSONEN

115 g schwarze Trüffel
5 Eier
Salz und Pfeffer
5 Eßlöffel Sahne
30 g Butter
Saft einer halben Zitrone

Die Trüffel bürsten, mit warmen Wasser und einem Tuch abreiben und dann raspeln oder in Stücke schneiden. Die Eier mit etwas Salz und Pfeffer und der Sahne verquirlen und dann die Trüffel zugeben.

Die Butter in einer schweren Omelettpfanne erhitzen, bis sie geschmolzen und heiß ist, aber noch nicht brutzelt oder braun wird. Die Eier- und Trüffelmischung eingießen. Bei schwacher Hitze backen, bis die Unterseite goldgelb ist. Dann das Omelett auf einen Teller oder Deckel stürzen und umgedreht wieder in die Pfanne gleiten lassen. Backen, bis die Unterseite ebenfalls goldgelb ist, dabei aber nicht vergessen, daß die Mitte weich und leicht flüssig bleiben sollte. In kleine Stücke schneiden und kurz vor dem Servieren mit Zitronensaft beträufeln.

SARDINISCHER KÄSE AUF EINEM BALKON *Die Herstellung in kleinen Mengen macht das italienische Essen so delikat – hier reifen acht runde Käselaibe in der Sonne.*

UOVA ALLA PIEMONTESE

OMELETT NACH PIEMONTESER ART

Die weiße Trüffel gedeiht in den bergigen Wäldern des Piemont und ist heute nur noch schwer zu finden. Vor langer Zeit waren Trüffel vermutlich eine natürliche Nahrungsquelle wie Beeren und Waldpilze. Die weiße Trüffel ist vor allem in der Gegend um Alba sehr beliebt, und viele Familien machen sich vergnügte Stunden, indem sie mit ihren Hunden auf die Suche nach diesen Knollen gehen. Sie werden immer nur in ganz einfachen Rezepten verwendet. Wenn frische weiße Trüffel für Sie nicht erhältlich sind, können Sie auch schwarze Trüffel verwenden.

FÜR 4 PERSONEN

5 Eier
1 weiße Trüffel
1 Handvoll frisch geriebener Parmesan
Salz und Pfeffer
30 g Butter
1 Eßlöffel Olivenöl

Eier verquirlen, dann die Trüffel mit einer Trüffel- oder Käsereibe äußerst feinblättrig in die Schüssel reiben. Käse, Salz und Pfeffer zufügen und erneut verquirlen.

Butter und Öl in einer schweren Omelettpfanne erhitzen, dann die Eiermischung hineingießen. Das Omelett backen, bis die Unterseite goldgelb und knusprig ist. Die Trüffel-Eiermischung auf einen Teller oder Deckel stürzen und umgedreht wieder in die Pfanne gleiten lassen. Auch diese Seite goldgelb backen, aber darauf achten, daß das Omelett in der Mitte weich und leicht flüssig bleibt. Heiß oder kalt servieren.

FRITTATA CON FIORI DI ZUCCA

OMELETT MIT ZUCCHINIBLÜTEN

In der ländlichen Küche wird nichts verschwendet, und die Blüten der Zucchinipflanzen sind köstlich süß und geschmackvoll.

FÜR 4 PERSONEN

12 Zucchiniblüten mit Stiel und Blütenstand
Zitronensaft
Mehl
Olivenöl
4 Eier, verquirlt
Salz und Pfeffer

Die Blüten 30 Minuten lang in Wasser mit Zitronensaft legen, dann vorsichtig das überschüssige Wasser abschütteln und sehr behutsam abtrocknen. Vorsichtig die Stiele und Stempel entfernen und die Blüten auf Küchenpapier restlos trocknen lassen. Die Blüten in Mehl tauchen.

In eine schwere Omelettpfanne etwa 4 cm Öl gießen und erhitzen. Die Blüten in kleinen Mengen hineingeben und von allen Seiten goldgelb und knusprig backen. Den Großteil des Öls herauslöffeln und alle Blüten in die Pfanne zurückgeben.

Die verquirlten Eier mit Salz und Pfeffer würzen und über die Blüten gießen. Das Omelett backen, bis die Unterseite goldgelb ist. Auf einen Teller oder einen Deckel stürzen, umgedreht in die Pfanne zurückgleiten lassen und backen, bis die Unterseite goldgelb ist.

FRITTATA AFFOGATA

VERSUNKENES OMELETT

Diese Spezialität aus der Umgebung der wunderschönen Stadt Arezzo ist eine köstliche Alternative für ein Pasta-Gericht. Ein festes Omelett wird in Streifen geschnitten, die mit Tomatensauce und Käse vermischt werden. Serviert mit knackigem Salat und reichlich Brot, um die Sauce aufzutunken, ergibt es ein herrliches Abend- oder Mittagessen.

FÜR 4 PERSONEN

5 Eier
1 Teelöffel Mehl
2 Eßlöffel Semmelbrösel
Salz und Pfeffer
Olivenöl
1 Zwiebel, fein gehackt
1 Stange Sellerie, fein gehackt
1 Karotte, fein gehackt
1 Knoblauchzehe, fein gehackt
6 Dosentomaten, entkernt und gehackt

In einer Schüssel Eier, Mehl, Semmelbrösel, Salz und Pfeffer verquirlen. Etwas Öl in einer schweren Omelettpfanne erhitzen, dann die Eiermasse eingießen. Backen, bis die Unterseite goldgelb und knusprig ist, dann auf einen Teller oder einen Deckel stürzen, in die Pfanne zurückgleiten lassen und backen, bis auch die andere Seite goldgelb ist. Auf Küchenpapier abtropfen und völlig kalt werden lassen.

In der Zwischenzeit Zwiebel, Sellerie und Karotte in der Omelettpfanne andünsten, bis die Zwiebel weich ist, dann Knoblauch und Tomaten zufügen. Mit Salz und Pfeffer würzen, gut durchmischen und etwa 20 Minuten zu einer dicken Sauce einköcheln lassen. Omelett in Streifen schneiden, zu der Tomatensauce geben und vor dem Servieren 5 Minuten erhitzen.

KLEINER LADEN IN EINER SEITENGASSE *Jedes Geschäft in Italien bietet die vier wichtigsten Lebensmittel der italienischen Küche an: Olivenöl, Käse, Prosciutto und Wein.*

ZYPRESSENALLEE *(S. 128) Die schlanken Zypressen werfen malerische Schatten.*

FRITTATA CON GLI ZOCCOLI

SCHINKEN-OMELETT

Dieses Schinken-Omelett ist ein typisches, einfaches Gericht der Toskana. Radiccio-Salat ist die perfekte Ergänzung dazu.

FÜR 4 PERSONEN

115 g geräucherter, durchwachsener Speck
5 Eßlöffel Olivenöl
5 Eier
Salz und Pfeffer

Den Speck würfeln und in etwas Öl in einer schweren Omelettpfanne anbraten, bis er knusprig ist und das ganze Fett ausgebraten ist. In Italien ist man, ähnlich wie in Amerika, der Meinung, daß der ideale Speck aus viel knusprig zu bratendem Fett und wenig Fleisch bestehen sollte. Eier mit Salz und Pfeffer verquirlen und über den Speck gießen.

Das Omelett bei schwacher Hitze backen, bis die Unterseite goldgelb und knusprig ist, dann auf einen Teller oder einen Deckel stürzen. Umgedreht zurück in die Pfanne gleiten lassen und die andere Seite ebenso goldgelb backen. Sofort servieren.

US IN FONGHET

EIER IN TOMATEN- UND PILZSAUCE

Dies ist eine Spezialität der bäuerlichen Küche des julischen Venetien. Es ist ein Gericht, das man meist besonderen Gästen nicht anbietet, was sehr schade ist, da es besonders im Herbst – der Zeit der frischen Waldpilze – äußerst köstlich ist.

FÜR 8 PERSONEN

8 große Eier
Salz und Pfeffer
1 Handvoll frische Petersilie, fein gehackt
1 Eßlöffel Olivenöl
75 g Butter
2 Knoblauchzehen, gehackt
225 g frische Steinpilze (oder andere frische Waldpilze), in Scheiben geschnitten
225 g Dosentomaten, entkernt und gehackt

Eier in einen Topf mit kaltem Wasser legen, zum Kochen bringen und 6 Minuten kochen lassen, abschrecken und schälen. Der Länge nach halbieren, mit Salz und Pfeffer würzen und anschließend mit Petersilie bestreuen.

In einer großen Pfanne Öl, Butter und Knoblauch eine Minute dünsten. Pilze und Tomaten zufügen, umrühren und etwa 10 Minuten kochen lassen. Die Eier mit der Schnittfläche nach oben in die Sauce legen. Etwas Wasser zufügen und weitere 10 Minuten bei sehr geringer Hitze köcheln lassen, dabei gelegentlich Sauce über die Eier löffeln. Heiß als Vorspeise oder zusammen mit Polentascheiben (Seite 54) als Hauptgericht servieren.

TORTINO ALLA ERBE

PIKANTER SPINATKUCHEN

In der Emilia Romagna schätzt man pikantes Gebäck, wie beispielsweise diesen flachen Spinatkuchen, den man in Stücke geschnitten aus der Form serviert.

FÜR 6–8 PERSONEN

1,2 kg Spinat oder zarter Mangold, gewaschen und von den Stielen befreit
Salz
120 ml Olivenöl, außerdem etwas Öl zum Beträufeln
1 Handvoll frisches Basilikum, gehackt
225 g frisch geriebener Parmesan (oder halb Parmesan halb Pecorino)
150 g Mehl
1 Eßlöffel Schweineschmalz

Spinat oder Mangold in Streifen schneiden. In einer weiten Schüssel großzügig mit Salz bestreuen, mit den Händen wenden, bis das Salz überall verteilt ist.

Eine Stunde stehenlassen, dann mit den Händen das Wasser ausdrücken, sorgfältig trocknen und in die getrocknete Schüssel zurückgeben. Öl, Basilikum und Käse zufügen und alles miteinander vermischen. Beiseite stellen.

Mehl, Schweineschmalz und etwa 4 Eßlöffel kaltes Wasser in eine Schüssel geben und zu einem festen Teig verkneten. Eine Backform mit 25 cm Durchmesser mit Öl bestreichen. Den Teig in zwei Portionen teilen, von denen eine etwas größer als die andere ist.

Die größere Portion ausrollen und die Kuchenform damit auslegen. Die Spinat- oder Mangoldfüllung hineingeben und glattstreichen. Die zweite Teigportion sehr dünn ausrollen und wie ein Tischtuch über die Form geben – die Kunst dieses Gerichtes liegt in der Drapierung! Zwischen Köchen und Hausfrauen sind schon wahre Wettkämpfe um die dekorativste Form ausgetragen worden.

Den Teig rund um die Form zusammendrücken und dabei die überhängenden Teigteile auf den Kuchen zurückschlagen. In die Oberfläche kleine Löcher stechen, damit der Dampf entweichen kann, und den Kuchen mit etwas Olivenöl bestreichen, damit er schön knusprig wird. Bei mäßiger Hitze (180° C, Gas: Stufe 2) eine Stunde im Ofen backen. In Stücke schneiden, mit Öl beträufeln und sehr heiß servieren.

TORTINO ALLA ERBE

PANDORATO

GOLDENES BROT

Dies ist eine Spezialität aus der Region Latium, der Provinz um Rom. Es ist typisch für die Küche dieses Gebietes, da es ziemlich reichhaltig und sehr sättigend und nahrhaft ist. Entweder als Antipasto servieren oder zusammen mit reichlich grünem Salat (wenn es im voraus gemacht wurde) als Imbiß.

FÜR 4 PERSONEN

8 dicke Scheiben Weißbrot, etwa 400 g
8 Scheiben luftgetrockneter Schinken, etwa 100 g
8 Scheiben Mozzarella
250 ml Milch
Salz
2 große Eier, verquirlt
Öl zum Ausbacken (oder halb Öl, halb Schmalz)

Die Rinde vom Brot abschneiden und jede Scheibe so durchschneiden, daß zwei Rechtecke entstehen. Den Schinken in die gleiche Größe schneiden. Sandwiches machen, dazu je eine Scheibe Schinken und Mozarella zwischen das Brot legen. Geht das Brot zur Neige und ist noch Mozarella und Schinken übrig, mehr davon verwenden.

Die Sandwiches in Milch eintunken (nicht vollsaugen lassen) und auf einer großen Platte anrichten. Eier etwas salzen und über die Sandwiches geben. Zwei Stunden stehenlassen.

Öl in einer Friteuse auf 195° C erhitzen. Die Sandwiches im Fritierkorb (mehrere gleichzeitig) auf beiden Seiten goldgelb und knusprig backen. Herausnehmen und auf Küchenpapier abtropfen lassen. Sehr heiß servieren.

PIZZA AL FORMAGGIO

HEFEKUCHEN MIT KÄSE

Dieser Käsekuchen wird besonders gerne zu Verdicchio serviert. Beides sind Spezialitäten der hübschen mittelalterlichen Stadt Iesi in den Marken. Er wird in einer speziellen hohen Kuchenform gebacken, die man normalerweise eher mit Österreich oder Osteuropa in Verbindung bringt als mit Italien. Es können aber auch leere Konservendosen verwendet werden.

ERGIBT 2 KUCHEN

20 g frische Hefe, in etwas Wasser aufgelöst
340 g Mehl
1½ Teelöffel Salz
1 Eßlöffel und etwas Öl zum Einfetten
55 g Gruyère, gerieben
55 g Parmesan, gerieben
55 g Provolone, gerieben
2 Eier, verquirlt
30 g Gruyère, gewürfelt
30 g Parmesan, gewürfelt oder abgehobelt
30 g Provolone, gewürfelt
30 g Pecorino oder Parmesan, gewürfelt

100 g Mehl, Hefe und eine Prise Salz miteinander vermischen. Kneten, dabei 150 ml lauwarmes Wasser zufügen – gerade so viel, daß ein elastischer Teig entsteht. Abdecken und an einem warmen Ort 1 Stunde gehen lassen.

Das restliche Mehl mit dem Öl und einer Prise Salz vermischen. Mit etwa 75 ml lauwarmen Wasser zu einem weichen, elastischen und glatten Teig verkneten.

Den geriebenen Käse in eine Schüssel geben und die verschiedenen Käsesorten vermischen. Verquirlte Eier zugeben, mischen, dann den gewürfelten Käse zugeben. Die zweite Teigportion (ohne Hefe) zufügen und alles vermischen.

Den Käseteig auf eine Arbeitsfläche geben und mit dem gegangenen Teig gut verkneten.

In Italien gibt es hohe, schmale Backformen, man kann den Teig aber auch in zwei leeren 450-g-Dosen backen. Dosen ölen und in jede eine durchgeknetete Teigkugel legen. Mit einem sauberen Tuch abdecken und noch einmal 45 Minuten gehen lassen. Im heißen Ofen (200° C, Gas: Stufe 3) 30–40 Minuten backen. Heiß servieren.

CICORIA, UOVA E CACIO

ENDIVIEN, EIER UND KÄSE

Dieses köstliche Wintergericht aus den kalten Abruzzen sollte am besten mit Endivien zubereitet werden. Sie können aber auch Sauerampfer dazu verwenden.

FÜR 4 PERSONEN

450 g Endivie oder gründlich gesäuberter Sauerampfer
Salz
1,2 Liter Hühner- oder Rinderbrühe
2 Karotten, geschält und fein gehackt
3 Zwiebeln, fein gehackt
1 Stange Sellerie, gehackt
5 Zweige frische Petersilie
55 g fetter Speck, fein gewürfelt
2 große Eier
75 g Pecorino oder Parmesan, gerieben

Die Blätter in reichlich kochendem Salzwasser blanchieren. Abgießen und 2 Stunden in kaltes Wasser legen.

Die Brühe zusammen mit den Karotten, 2 Zwiebeln, dem Sellerie und der Petersilie zum Kochen bringen und köcheln lassen, bis das Gemüse gar ist. Den Speck mit der verbleibenden Zwiebel anbraten.

Blätter abgießen und mit den Händen sämtliches Wasser ausdrücken. Hacken und in den Topf geben.

Sehr vorsichtig wenden und mischen. Die Brühe erneut zum Kochen bringen. Die Eier mit dem Pecorino in einer Suppenterrine verquirlen. Blätter zugeben und alles mischen. Die Suppe dazugießen, nochmals umrühren und servieren.

MARKT IN DEN ABRUZZEN *Ein Käsestand im Schutz eines Sonnenschirms. Die sehr dunklen Käsesorten sind besonders zum Reiben geeignet.*

FORMAGGIO FRITTO

GEBACKENER KÄSE

Für dieses ländliche Gericht aus Friaul benötigt man unbedingt einen wirklich reifen Käse – jeder Stracchino ist geeignet, solange er nicht krümelig ist.

FÜR 4 PERSONEN

300 g reifer Käse, etwa Taleggio oder cremiger Gorgonzola, in gleichmäßige Scheiben geschnitten
5 Eßlöffel Polenta (gelbes Maismehl)
115 g Butter
4 Eier
Salz und Pfeffer

Den Käse von allen Seiten in Maismehl wenden. Die Mehlkörner sind ziemlich scharfkantig und drücken sich von selbst leicht in den weichen Käse.

Zwei Drittel der Butter in eine Bratpfanne geben und erhitzen, bis sich Blasen bilden. Die Käsescheiben in die Butter legen und von beiden Seiten kräftig backen.

In einer zweiten Pfanne die restliche Butter erhitzen und die Eier darin braten. Käse und Eier mit Salz und Pfeffer würzen. Beides sehr heiß servieren und mit Brot als Vorspeise oder kleinen Imbiß servieren.

MOZZARELLA IMPANATA

GEBACKENER MOZZARELLA

In Kampanien liebt man den Mozzarella fast ebenso sehr wie die herrlichen Tomaten, und es gibt sehr viele unterschiedliche Rezepte dafür. Ursprünglich wurde der Käse aus Büffelmilch gemacht. Inzwischen werden die Büffel, die erstmals im sechzehnten Jahrhundert in Italien eingeführt wurden, jedoch auch dort immer seltener. Damit er feucht bleibt, wird der eierförmige Mozzarella mit der Molke verkauft. Es gibt ihn in verschweißten Packungen in zwei Größen. Mozzarella ist sehr beliebt, da er beim Schmelzen die Zutaten schön miteinander verbindet. Bei diesem Rezept bildet er eine aromatische, knusprige Kruste.

FÜR 4 PERSONEN

2 große Eier
Salz und Pfeffer
Mehl
115 g geriebenes altbackenes Brot
1 Prise getrockneter Origano
300 g Mozzarella
Öl zum Ausbacken

Eier in einem Suppenteller mit etwas Salz verquirlen. Mehl und Semmelbrösel auf zwei verschiedene Teller streuen. Semmelbrösel reichlich mit Salz und Pfeffer würzen und mit Origano bestreuen. Den Mozzarella in 2 cm dicke Scheiben schneiden.

Mozzarellascheiben in Mehl, dann in den Eiern und schließlich in den Semmelbröseln wenden. Öl in einer Friteuse auf 195° C erhitzen. 4 Scheiben gleichzeitig im Fritierkorb etwa 2–3 Minuten fritieren, herausnehmen und auf Küchenpapier abtropfen lassen. Sobald alle Scheiben fritiert sind, sofort servieren.

CROSTINI ALLA NAPOLETANA

NEAPOLITANISCHES ANTIPASTO

Um den wahren Geschmack dieses beliebten Antipasto-Gerichtes zu erzielen, müssen Sie gut gesalzene Sardellen haben. Falls sie nirgendwo erhältlich sind, können Sie statt dessen in Öl eingelegte verwenden.

FÜR 4 PERSONEN

4 gesalzene Sardellen oder 8 Sardellenfilets in Öl
8 dicke Scheiben Weißbrot
100 g Butter
3 Dosentomaten, entkernt und in Streifen geschnitten
300 g Mozzarella, in Scheiben geschnitten
Salz und Pfeffer
1 Prise getrockneter Origano
Öl zum Einfetten

Sardellen waschen, enthäuten und der Länge nach halbieren. Jeden Streifen in der Mitte nochmals halbieren, damit 16 Streifen entstehen. Alternativ die Sardellenfilets mit Küchenpapier abtupfen und der Länge nach in Streifen teilen.

Die Brotscheiben halbieren und eine Seite dick mit Butter bestreichen. Auf jede Scheibe ein Stück Mozzarella, ein Stück Tomate und einen Streifen Fisch legen. Mit Salz und Pfeffer und reichlich Origano würzen.

Ein Backblech einfetten, die Brotscheiben darauflegen und bei mittlerer Hitze (180° C, Gas: Stufe 2) vor dem Servieren 9 Minuten backen.

CROSTINI ALLA NAPOLETANA *(S. 134)*

SÜSSSPEISEN

Süße Leckerbissen für Karneval, Weihnachten oder Ostern; Cremes, Puddings und köstliches Gebäck: Italienische Süßspeisen sind bei Kindern und Erwachsenen heute noch genauso beliebt wie eh und je.

GESMINUS *links (S. 154)*
GELATO DI COCOMERO *Mitte (S. 155)*
TARALLI *rechts (S. 154)*

Die meisten Gerichte, die in diesem Buch beschrieben werden, dienten ursprünglich dazu, Familien zu ernähren, die nur sehr wenig zur Verfügung hatten. Süßspeisen galten daher als etwas ganz Besonderes. Tatsächlich sind viele dieser Kuchen und Plätzchen nicht als Nachtisch gedacht, sondern werden beim Frühstück in den Kaffee getunkt oder als kleine Zwischenmahlzeit zum nachmittäglichen Tee genossen. Sie bestehen aus preiswerten Zutaten und haben mit jenen eindrucksvollen, flambierten Desserts, die den krönenden Abschluß einer Mahlzeit bilden, so gut wie keine Ähnlichkeit. Viele dieser Rezepte sind zur Freude der Kinder erdacht worden, einige sind Köstlichkeiten für die Faschings- oder Weihnachtszeit, für Hochzeiten oder ähnliche Anlässe, oder auch für Zeiten des Überflusses, in denen Zucker, Eier und Mehl reichlich verhanden waren.

Schmalzgebäck ist in Italien sehr beliebt, da es einfach und sättigend ist. Vor allem zur Faschingszeit gibt es die kleinen Leckereien in vielen Variationen. Bitte denken Sie unbedingt daran, das heiße Fett nach dem Backen vor kleinen als auch großen Händen in Sicherheit zu bringen! Vergessen Sie auch nicht – vor allem wenn Sie größere Mengen auf einmal ausbacken –, daß die Temperatur konstant bleiben sollte, die zugeführte Hitze also ständig kontrolliert werden muß. Achten Sie darauf, daß das Öl während des Ausbackens nicht überhitzt wird, da einerseits das Gebäck sehr schnell verbrannt aussehen könnte und andererseits auch die Gefahr eines Zimmerbrandes besteht.

Kuchen schmeckt auch zum Frühstück köstlich, besonders mit schäumendem Milchkaffee oder heißer Schokolade. »Teatime« gibt es in Italien zwar nicht, dafür aber »meranda« – eine kleine Zwischenmahlzeit für Kinder zwischen Mittag- und Abendessen, die oft aus einem Stück Kuchen, einem Krapfen oder irgendeinem Schmalzgebäck besteht. Ich kann mich noch erinnern, wie ich Castagnaccio (Kastanienkuchen) mit in die Schule genommen habe und ihn dann in der Pause gegessen habe! Ich habe diesen Kuchen immer sehr geliebt, aber er ist sicherlich nicht jedermanns Geschmack. Kastanienfans werden erstaunt sein, aber viele Leute mögen einfach keine Kastanien! Als Alternative zu Castagnaccio kann man aus dem Teig auch kleine Pfannkuchen backen und eine Scheibe Stracchino zwischen zwei noch heiße Pfannkuchen legen, so daß der Käse zu schmelzen beginnt.

Auf Sizilien findet man die größte Vielfalt an Süßspeisen, meist sind sie äußerst reichhaltig und mit den unterschiedlichsten Zutaten gefüllt, die jedoch nicht immer sehr gut miteinander harmonieren. Aber auch im Norden scheint man sehr stolz auf das große Angebot an süßen Köstlichkeiten zu sein – hier verwendet man besonders gern Schokolade und wahre Berge von Schlagsahne. Die von mir ausgewählten Süßspeisen sind jedoch sehr einfach und auf die anderen Rezepte abgestimmt. Zu meinen Lieblingsrezepten gehört der köstliche Reiskuchen auf Seite 141, der auch als Dessert für abendliche Gäste ausgefallen genug ist.

In den südlichen Landesteilen ist vor allem Honig sehr beliebt und wird für Kuchen und Süßspeisen verwendet. Offenbar geht diese Vorliebe auf die Zeit zurück, als dieser Teil Italiens noch unter griechischer Herrschaft war. Auch Mandeln haben wohl aus diesem Grund ihren Weg in die italienische Küche gefunden. Schokolade wird erst seit dem späten sechzehnten Jahrhundert verwendet, und da die meisten Rezepte älteren Datums sind, kommt sie hier auch nur zweimal vor. Die Rezepte sind zwar sehr alt, aber viele sind heute noch genauso beliebt wie damals.

CASTAGNACCIO

KASTANIENKUCHEN

Dies ist eines der ältesten Kuchenrezepte der italienischen Bauernküche. Castagnaccio ist sehr reichhaltig und sättigend und besteht aus lauter guten Zutaten. Besonders bei Schulkindern war er früher sehr beliebt: Dicke Kuchenscheiben wurden noch warm eingepackt und von den Kindern auf dem Schulweg gegessen. Kastanienmehl ist in allen guten italienischen Delikatessengeschäften erhältlich.

FÜR 6 PERSONEN

115 g Sultaninen
450 g Kastanienmehl, gesiebt
½ Teelöffel Salz
kaltes Wasser
Olivenöl
1 Eßlöffel Kümmelsamen
3 Eßlöffel Pinienkerne
½ Teelöffel getrockneter Rosmarin

Die Sultaninen 15 Minuten in kaltem Wasser einweichen, abgießen und trocknen. Kastanienmehl und Salz vermischen und so viel kaltes Wasser einrühren, bis ein flüssiger Teig entsteht, der etwas dicker ist als Pfannkuchenteig.

Eine flache Kuchenform einfetten, den Teig eingießen, mit einem Löffel glattstreichen, dann Kümmel, Pinienkerne, Rosmarin und Sultaninen darüberstreuen.

Etwas Öl darüberträufeln und bei mittlerer Hitze (190° C, Gas: Stufe 2) 10–15 Minuten (oder bis die Oberfläche knusprig ist) backen. Kalt oder warm mit kühlem Weißwein servieren.

PIZZA DI POLENTA

MAISMEHLKUCHEN

Dieses alte Rezept aus der Umgebung von Rom erfordert echten Ricotta, der mit Wasser verdünnt wird. Wenn ich keinen Ricotta bekommen konnte, habe ich auch mit einer Mischung aus Frischkäse und Hüttenkäse zu gleichen Teilen sehr gute Erfolge erzielt. Es ist ein außerordentlich köstlicher und ungewöhnlicher Kuchen, der ofenwarm am besten schmeckt.

FÜR 6 PERSONEN

30 g Sultaninen oder Korinthen
225 g Ricotta (siehe oben)
225 g Polenta (gelbes Maismehl)
225 g Zucker
1 große Prise Zimt
30 g Butter und etwas Butter zum Fetten
2 Eßlöffel Pinienkerne

Sultaninen oder Korinthen 15 Minuten in Wasser einweichen, abgießen und trocknen. Ricotta mit 500 ml kaltem Wasser mischen und mit einem Schneebesen oder einer Gabel verquirlen.

Den Zucker unter die Mischung schlagen und unter ständigem Rühren langsam das Maismehl zugeben. Zimt und Sultaninen unterrühren. Eine Springform mit 25 cm Durchmesser einfetten und den Teig hineingeben. Einige Butterflocken und die Pinienkerne darübergeben. Bei geringer Hitze (150° C, Gas: Stufe 1) etwa 1¾ Stunden backen. Noch warm servieren.

CIAMBELLINE CAMPAGNOLE

BAUERNKRINGEL

Diese Kringel stammen ursprünglich aus der Molise, sind aber im ganzen Land beliebt. Sie schmecken auch köstlich, wenn man sie in Glühwein tunkt!

ERGIBT ETWA 15 STÜCK

115 g Zucker
1 Glas Rotwein (etwa 120 ml)
100 ml Olivenöl
etwa 225 g Mehl
Schweineschmalz zum Fetten

Zucker und Wein mischen, Öl zugießen und so viel Mehl zugeben, daß ein knetbarer Teig entsteht. Auf eine Arbeitsfläche geben und kneten, bis er glatt ist. In eine Schüssel geben, zugedeckt 1–2 Stunden ruhen lassen.

Ein Backblech einfetten. Kleine Teigstückchen zu Rollen formen, zu Kringeln zusammendrehen und auf das Backblech legen. Im warmen Ofen (160° C, Gas: Stufe 1) 20 Minuten backen. Abgekühlt lagern, bis sie gebraucht werden.

TORTA DI GRANOTURCO

KUCHEN AUS MAISMEHL UND MANDELN

Dies ist ein sehr einfacher Kuchen, vielleicht der einfachste italienische Kuchen überhaupt. Er wird aus Maisgrieß hergestellt und enthält keinerlei Treibmittel. Zusammen mit Mandeln und Zucker wird daraus ein sehr flacher, süßer Kuchen. Das Rezept stammt aus der Lombardei, wo er gerne zum Frühstück oder von Kindern auf dem Weg zur Schule gegessen wird.

Der Mais kam aus dem Osten nach Italien und trägt deshalb auch den Namen »granoturco«, was soviel heißt wie »türkisches Korn«. Die Kombination von Zucker und Mandeln ist ebenfalls typisch für die orientalische Küche.

FÜR 8 PERSONEN

300 g feinste Polenta (Maisgrieß)
300 g feiner Zucker
300 g Butter, geschmolzen
300 g gemahlene Mandeln
Butter zum Fetten
Paniermehl zum Bestreuen der Backform

Die Polenta zweimal sieben, dann nochmals mit Zucker zweimal sieben. Mandeln und geschmolzene Butter zufügen und sorgfältig vermischen. Eine Backform mit 25 cm Durchmesser fetten und mit Paniermehl ausstreuen. Den Teig in die Form geben und im heißen Ofen (200° C, Gas: Stufe 3) 40 Minuten backen. In der Form auskühlen lassen.

TORTA SABBIOSA

SANDKUCHEN

Dieser Kuchen stammt ursprünglich aus Venetien, ist aber im ganzen Land sehr beliebt und gehört zu den Kuchen, die man stets für gute Freunde in der Speisekammer vorrätig hat und die man besonders gern zu kühlem Weißwein serviert. Er ist köstlich krümelig, daher auch der Name »Sandkuchen«, und zergeht auf der Zunge. Damit er aber wirklich ein Erfolg wird, müssen Butter und Zucker sorgfältig miteinander verarbeitet werden. Während des Backens auf keinen Fall den Backofen öffnen.

FÜR 8 PERSONEN

320 g Butter
300 g Zucker
3 Eier, getrennt
2 Eßlöffel Milch, falls nötig
150 g Mehl
150 g Stärkemehl
1/2 Teelöffel Backpulver
1 Prise Salz

Eine Backform von 25 cm Durchmesser mit 20 g Butter einfetten. Die restliche Butter mit dem Zucker so lange verrühren, bis die Mischung locker und leicht ist. Eigelbe einzeln in die Mischung einrühren. Der Teig sollte leicht flüssig sein, eventuell also etwas Milch zugeben.

Stärkemehl, Mehl, Backpulver und Salz einsieben, dabei ständig rühren. Eiweiß steif schlagen und unterziehen. Teig in die Backform füllen und bei mittlerer Hitze (180° C, Gas: Stufe 2) etwa 1 1/4 Stunden backen, ohne dabei den Ofen zu öffnen. Abkühlen lassen und aus der Form nehmen.

HEUERNTE *Ochsen ziehen einen beladenen Karren über eine Wiese nach Hause zum Bauernhof.*

TORTA DI RISO

REISKUCHEN

Dieser Kuchen macht mich immer ganz nostalgisch, denn er erinnert mich an die schönste Zeit meiner Kindheit in der Toskana. Wir aßen ihn weder zu einer bestimmten Tageszeit noch zu bestimmten Anlässen, sondern einfach nur, »weil er gesund ist«. Verwenden Sie Milchreis, um die richtige Konsistenz zu erhalten – Reiskuchen ist Reispudding sehr ähnlich.

FÜR 8 PERSONEN

etwa 900 ml Milch
200 g Zucker
300 g Milchreis
3 Eier, verquirlt
1 Teelöffel Vanille-Essenz
115 g Orangeat und Zitronat
50 g Pinienkerne
55 g Butter
geriebene Schale einer halben Zitrone
4 Walnüsse, gehackt
50 g geschälte Pistazienkerne, gehackt

Milch und Zucker in einen Topf geben und zum Kochen bringen. Wenn die Milch zu kochen beginnt, den Reis zugeben, umrühren und köcheln lassen, bis die Milch völlig absorbiert ist. Abkühlen lassen.

Sobald der Reis kalt ist, Eier, Vanille-Essenz, Orangeat und Zitronat, Pinienkerne, 3/4 der Butter, Zitronenschale, Walnüsse und Pistazienkerne zugeben. Alles sehr sorgfältig miteinander vermischen. Mit der restlichen Butter eine Backform mit 28 cm Durchmesser fetten und im heißen Ofen (200° C, Gas: Stufe 3) 30 Minuten backen. Abkühlen lassen, auf eine Platte stürzen und servieren.

FOCACCIA ALLA CECCOBEPPE

VENETIANISCHER BAUERNKUCHEN

Ein köstlicher, aber auch sehr preiswerter Kuchen, denn Sie können alle übriggebliebenen altbackenen Brotreste dazu verwenden. Auch im Vergleich mit unseren heutigen Kuchen schneidet er hervorragend ab. Besonders gut schmeckt er zum Frühstück.

FÜR 12 PERSONEN

etwa 300 g altbackenes Brot, sehr fein gerieben
30 g Butter
30 g Sultaninen
75 g kandierte Früchte, fein gehackt
8 Eier, getrennt
225 g Zucker
geriebene Schale einer Zitrone
1 Prise Salz
½ Teelöffel Zitronensaft
etwa 2 Eßlöffel Puderzucker

Geriebenes Brot sieben und 225 g abwiegen. In eine Schüssel geben und beiseite stellen. Eine tiefe Backform oder feuerfeste Form fetten, die restlichen Brotbrösel hineingeben und die Form wenden, bis Boden und Seitenwand damit bedeckt sind. Überschüssige Brösel entfernen.

Die Sultaninen 15 Minuten in kaltem Wasser einweichen, abgießen und trocknen. Kandierte Früchte mit den Sultaninen vermischen. 8 Eigelb und Zucker in eine große Rührschüssel geben und rühren, bis die Masse hellgelb und schaumig ist. Die beiseitegestellten Brösel nach und nach zufügen. Die kandierten Früchte, Sultaninen und anschließend die Zitronenschale unterrühren. Eine Prise Salz zugeben und sorgfältig rühren.

Eiweiß mit Zitronensaft steif schlagen, gründlich und vorsichtig unter die Bröselmischung heben. Den Teig in die vorbereitete Backform füllen und bei mittlerer Hitze (180° C, Gas: Stufe 2) 45 Minuten backen. Aus dem Ofen nehmen, eine Minute abkühlen lassen, aus der Form nehmen und mit Puderzucker bestäuben. Auf einer Servierplatte auskühlen lassen.

FOCACCIA ALLA CECCOBEPPE

BUDINO DI PATATE

KARTOFFELSPEISE

Diese Süßspeise aus Friaul wird aus Kartoffeln, Sultaninen, Butter, Pinienkernen und verschiedenen Gewürzen gemacht. Sie stammt eigentlich aus der slawischen Küche und schmeckt trotz der vielen Zutaten erstaunlich leicht.

FÜR 4–6 PERSONEN

115 g Sultaninen
450 g Kartoffeln, gewaschen, aber nicht geschält
85 g Butter und zusätzlich Butter zum Fetten
8 Eßlöffel Sahne und zusätzlich Sahne zum Servieren
1 Prise Salz
1 Eßlöffel Mehl
85 g Zucker
1 Prise Zimt
1 Prise Muskatnuß
3 Eier, getrennt
75 g Pinienkerne
1 Eßlöffel Puderzucker zum Bestäuben

Die Sultaninen im kalten Wasser quellen lassen. Die Kartoffeln in kaltes Wasser geben und weichkochen. Schälen und durch ein Sieb in einen Topf drücken. Butter, Salz, Sahne und Mehl dazugeben und bei geringer Hitze unterrühren. Zukker, Gewürze und Eigelb zufügen und sorgfältig unterrühren, dann die Mischung in eine Schüssel geben.

Eiweiß steif schlagen und unter die Masse heben. Das überschüssige Wasser aus den Sultaninen drücken und diese zusammen mit den Pinienkernen vorsichtig unter die Masse rühren. Eine genügend große feuerfeste Form fetten. Die Masse vorsichtig einfüllen und bei mittlerer Hitze (180° C, Gas: Stufe 2) 40 Minuten backen. Mit Puderzucker bestäuben und heiß mit Sahne servieren. Sie werden erstaunt sein, wie leicht und locker die Kartoffelspeise ist.

FRITELLE DI ZUCCA ALLA VENEZIANA

VENEZIANISCHES KÜRBISGEBÄCK

Da Kürbisse oft sehr groß sind, können die Zutaten für dieses Rezept je nach Bedarf variiert werden. Das Ergebnis ist ein leichtes, luftiges Gebäck, das herrlich orangefarben aussieht und sehr ungewöhnlich schmeckt. Dieses Gebäck ist besonders in Venedig ein sehr beliebtes Dessert und wird nach alter Tradition vor allem in der Karnevalszeit im Februar angeboten.

ERGIBT 30 STÜCK

150 g Sultaninen
900 gelber Kürbis, geschält, entkernt und gewürfelt
Kristallzucker
100 g Mehl, zweifach gesiebt
1 Teelöffel Backpulver, gesiebt
Salz
geriebene Schale einer Zitrone
Öl zum Ausbacken

Die Sultaninen 15 Minuten in kaltem Wasser einweichen, abgießen und trocknen. Kürbis in einen Topf geben, mit Wasser bedecken und weichkochen (etwa 20 Minuten). Abgießen, in ein Tuch einschlagen und überschüssiges Wasser ausdrücken.

Kürbis in eine Schüssel geben und zusammen mit 2 Eßlöffel Zucker, dem Mehl, dem Backpulver, einer großen Prise Salz und der Zitronenschale pürieren. Sultaninen unterrühren. Alles sehr sorgfältig miteinander vermischen und zu einer luftigen Masse aufschlagen.

In einer Friteuse das Öl auf 195° C erhitzen, walnußgroße Bällchen der Masse hineingeben und backen lassen, bis sie goldgelb und knusprig sind. Mit einem Schaumlöffel herausnehmen und auf Küchenpapier abtropfen lassen. Mit Zucker bestreuen und sofort servieren, wenn Sie alle Bällchen ausgebacken haben. Der sehr prägnante Kürbisgeschmack wird mit einem Glas eiskalten trockenen Weißwein wunderbar ausgeglichen.

TAUBEN *Drei schneeweiße Tauben sonnen sich auf einem Dach.*

FRITTELLE

FETTGEBACKENES MIT GRAPPA

Für dieses Gebäck brauchen Sie eine Spritztüte mit großer Öffnung und sehr viel heißes Fett zum Ausbacken. »Frittelle« eignen sich hervorragend als kleiner Nachmittagsimbiß unter Freunden.

ERGIBT ETWA 20 STÜCK

200 g Mehl
60 g feinster Zucker
1 Prise Salz
85 ml trockener Weißwein
5 Eßlöffel Grappa oder anderer Branntwein
30 g Butter, zerlassen
2 Eigelb, verquirlt
3 Eiweiß
Öl zum Ausbacken
feinster Zucker zum Bestäuben

Mehl zusammen mit Zucker und Salz in eine Schüssel geben und mit Weißwein, Grappa, geschmolzener Butter und Eigelb verrühren. Das Öl in einer Friteuse auf 195° C erhitzen, damit es bereitsteht.

Eiweiß steif schlagen und unter den Eierteig heben. Eine Spritztüte mit weiter Öffnung zuhalten und den Teig vorsichtig einfüllen.

Vorsichtig und mit Sicherheitsabstand, falls das Fett spritzen sollte, kleine Mengen Teig in das brutzelnde Fett geben – die Spritztüte während des Spritzens kreisend bewegen, damit Spiralen oder Schnörkel entstehen. 6–8 Stück gleichzeitig backen. Herausnehmen, sobald das Gebäck braun und knusprig ist, auf Küchenpapier abtropfen und mit Zucker bestreuen. Heiß servieren.

SFINCIUNI DOLCI DI RISO

SÜSSES SIZILIANISCHES REISGEBÄCK

Dieses Reisgebäck stammt aus der Zeit der arabischen Herrschaft in Sizilien. Offenbar gehörte es damals zu den kulinarischen Gepflogenheiten, Nahrungsmittel, die man vorher hatte gären lassen, in Fett auszubacken. Sie waren als »sfinci« bekannt. Von diesem Wort haben die Sizilianer ihren Namen für alle Arten von Fettgebackenem abgeleitet, wobei gleichgültig ist, ob es sich um Kartoffeln, Kürbis, Ricotta oder andere Nahrungsmittel handelt. Das Gebäck ist außen knusprig und fest, im Innern aber weich, etwa wie ein Reispudding.

ERGIBT 18 STÜCK

375 ml Milch
375 ml kaltes Wasser
300 g Milchreis
geriebene Schale einer halben großen Orange
1 große Prise Zimt
55 g feinster Zucker
55 g Mehl
7 g frische Hefe, in etwas warmen Wasser aufgelöst
Öl zum Ausbacken

Milch und Wasser zusammengießen und zum Kochen bringen. Sobald die Flüssigkeit zu kochen anfängt, Reis zugeben und umrühren. 15 Minuten kochen und dann abkühlen lassen. In den kalten Reis die Orangenschale, den Zimt, die Hälfte des Zuckers, das Mehl und die Hefe einrühren. Sehr sorgfältig miteinander vermischen, abdecken, an einen warmen Ort stellen und 2 Stunden ruhen lassen – die Mischung geht allerdings nicht sehr stark auf.

Das Öl in einer Friteuse auf 195° C erhitzen. Mit einem Holzspatel und einem Löffel gleich große Stücke aus dem Teig stechen und mit dem Löffel vorsichtig in das Fett geben.

Jeweils 6 Stück zusammen backen, bis sie braun sind, dann mit einem Schaumlöffel herausnehmen und auf Küchenpapier einige Sekunden abtropfen lassen und dann leicht in dem restlichen Zucker wenden (eventuell wird noch etwas mehr Zucker benötigt). Heiß mit gekühltem trockenen Weißwein servieren.

EINSAMES GEHÖFT *Vor einem herrlichen Panorama von Hügeln und Bergen schmiegen sich diese einfachen, niedrigen Gebäude an einen grünen Hang.*

PANVINESCO

KONFEKT AUS TRAUBENSAFT UND GRIESS

Dieses hübsche Konfekt aus Traubensaft und Grießmehl eignet sich sehr gut als kleiner Imbiß zum Tee. Es ist sehr einfach zuzubereiten und außerdem sehr preiswert, wenn überall draußen die Trauben reifen. Es ist bei Kindern und Erwachsenen sehr beliebt. Es ist zwar weniger aufwendig, einfach zwei Liter Traubensaft zu kaufen, aber es macht viel mehr Spaß, die Trauen selbst zu pflücken und auszupressen. Falls Sie den »vino cotto« im voraus machen wollen, können Sie ihn auch in Flaschen abfüllen und im Kühlschrank aufbewahren. Sie brauchen mindestens 3,5 kg Trauben.

ERGIBT ETWA 20 STÜCK

etwa 225 g feiner Grieß
bunte Zuckerstreusel oder Streuzucker zum Verzieren

VINO COTTO

4 große weiße Trauben
4 große blaue Trauben

Zuerst den »vino cotto« herstellen. Die Trauben mit den Händen zerdrücken oder mit einer Moulinette zerkleinern, durch Musselin filtern, damit man eine klare Flüssigkeit erhält. In einen Topf geben (darf nicht aus Aluminium sein) und unter Rühren mehrere Stunden kochen lassen, bis er dickflüssig wie Honig ist.

»Vino cotto« aufkochen und den Grieß einrieseln lassen, dabei ständig umrühren, damit keine Klumpen entstehen. Ist der Brei eingedickt und glatt, auf eine mit kaltem Wasser angefeuchtete Marmorplatte geben und zu einer 1–3 cm dicken Schicht verteilen. Auskühlen lassen.

Mit einem Teigschneider in unterschiedliche Formen schneiden. Mit farbigem Streuzucker und Zuckerstreuseln dekorieren und pro Person etwa 2–3 Stück servieren. Nicht lagern.

DOLCE DI PANE E MELE

BROT- UND APFELPUDDING

Dieser köstliche geschichtete Pudding aus Äpfeln und Brot, der Sie an kalten Wintertagen sicherlich aufwärmen wird, kommt aus der nördlichen Region von Alto Adige. Im Sommer können Sie Pfirsiche oder Aprikosen verwenden.

FÜR 6–8 PERSONEN

10 kleine altbackene Brötchen, in dünne Scheiben geschnitten
100 g blanchierte Mandeln
350–500 ml Rotwein, eventuell etwas mehr
100 g Kristallzucker
450 g Äpfel, geschält, entkernt und in kleine Stücke geschnitten oder ungeschälte Pfirsiche oder Aprikosen
100 g Sultaninen oder Korinthen
85 g Butter
Sahne zum Servieren

Brot vorbereiten und in eine Schüssel geben.Die Mandeln halbieren. Den Zucker und etwas Wein mischen und über das Brot gießen. Eine genügend große feuerfeste Form buttern.

Eine Lage Brot auf den Boden der Form legen und mit einer Schicht aus Äpfeln, einigen Sultaninen oder Korinthen und Mandeln bedecken. Kleine Butterflöckchen darüber verteilen, dann weiter schichten. Auf diese Weise alle Zutaten verwenden. Vergewissern Sie sich, daß alles schön mit Rotwein durchtränkt ist. Sie können auch etwas mehr verwenden. Die oberste Lage mit reichlich Butter bestreichen und bei mittlerer Hitze (180° C, Gas: Stufe 2) 30 Minuten backen. Warm mit Sahne servieren.

TRAUBENERNTE *Diese Frauen ernten Tafeltrauben, die sehr hoch am Weinstock wachsen und mit großer Sorgfalt behandelt werden müssen.*

PAN PEPATO

GEWÜRZBROT

Dies ist ein traditioneller Erntezeitkuchen, der von den umbrischen Bauern seit Jahrhunderten zubereitet wird, wenn die Ernte eingefahren ist. Besonders in Spoleto und Foligno gehört er zu den kulinarischen Spezialitäten, doch inzwischen findet man ihn auch in Teilen der Abruzzen. Zu Weihnachten gibt es ihn sogar in Rom. Der Name ist etwas irreführend: Es handelt sich nicht um Brot, und schwarzer Pfeffer ist das einzige Gewürz. In Wirklichkeit ist es ein sehr reichhaltiges, flaches Gebäck, das mit Nüssen und Schokolade gefüllt ist, vergleichbar mit dem berühmten »Sienese panforte«.

ERGIBT ETWA 8 BRÖTCHEN

55 g Rosinen
55 g geschälte Walnüsse
55 g geschälte Haselnüsse
55 g kandierte Früchte, gehackt
55 g Blockschokolade, gehackt
1 Prise Salz
1 Prise schwarzer gemahlener Pfeffer
4 Eßlöffel Honig
3 Eßlöffel warmes Wasser
etwa 55 g Mehl, gesiebt
Öl zum Fetten

Die Rosinen 15 Minuten in kaltem Wasser einweichen, dann abgießen und trocknen. Walnüsse und Mandeln 30 Sekunden lang in kochendem Wasser blanchieren, dann die Haut abziehen und grob hacken. Die Haselnüsse im Ofen 3 Minuten anrösten und dann die Haut abreiben. Hacken und mit den anderen Nüssen mischen. Kandierte Früchte, Rosinen und Schokolade mit den Nüssen mischen. Eine Prise Salz und reichlich schwarzen Pfeffer zufügen. Die Hälfte des Honigs mit Wasser verdünnen und zugeben.

Gerade so viel Mehl zugeben, daß sich die Masse zu einem Teig verbindet. Vorsichtig kneten und 8 Brötchen daraus formen. Ein Backblech fetten und mehlen und die Brötchen darauf verteilen. Mit Honig bestreichen und im heißen Ofen (200° C, Gas: Stufe 3) etwa 12 Minuten backen.

ALTES BAUERNHAUS IN CHIANTI *Dieses Bauernhaus liegt versteckt zwischen Bäumen und ist umgeben von ausgedehnten Weingärten und bewaldeten Bergen.*

BOMBOLONI

KRAPFEN

In der Toskana sind Bomboloni vor allem bei Jugendlichen sehr beliebt – morgens früh und am späten Nachmittag sieht man sie überall tütenweise Bomboloni essen. Die Luft ist erfüllt vom süßen, unwiderstehlichen Duft der Krapfenbäckereien, und wohin man auch schaut, überall stehen die jungen Leute mit ihren Mopeds und »mampfen« ... Ich erinnere mich an die Tage, wenn bei uns zu Hause Bombolonitag war und wir aus Vorsicht vor dem spritzenden Fett in den Garten geschickt wurden, wo wir uns dann in einer Reihe am Küchenfenster anstellten, um das heiße Gebäck in Empfang zu nehmen.

ERGIBT ETWA 18 STÜCK

450 g Mehl und etwas Mehl zusätzlich
115 g Kristallzucker
geriebene Schale einer Zitrone
1/2 Teelöffel feines Salz
75 g weiche Butter
30 g Hefe
etwa 1,2 Liter Öl zum Ausbacken

Das Mehl auf eine Arbeitsfläche häufen und 2/3 des Zuckers, Zitronenschale und Salz dazugeben. Mit den Händen zusammenschieben und mit der Faust eine Mulde in die Mitte drücken.

Butter in kleine Stückchen schneiden und in die Mulde geben. Die trockenen Zutaten mit der Butter 5 Minuten lang verkneten, dabei so viel warmes Wasser zugeben, daß sich die Zutaten verbinden. Hefe in eine Tasse bröseln und genügend warmes Wasser zufügen (etwa 175 ml), damit eine flüssige, weiche Masse entsteht. Zum Teig geben und weitere 15 Minuten kneten, bis der Teig schön elastisch ist. Teig in eine bemehlte Schüssel geben, mit einem Geschirrtuch bedecken und an einem warmen Ort 2 Stunden gehen lassen.

Teig auf eine bemehlte Arbeitsfläche geben, einige Male durchkneten, dann mit einem Nudelholz auf 1 cm Stärke ausrollen. Mit einem umgedrehten Glas Kreise ausstechen. Zwei große Servietten oder Geschirrtücher auf zwei große Tabletts legen, mit Mehl bestäuben und die ausgestochenen Kreise darauflegen, ohne daß sie sich berühren. Die übriggebliebenen Teigstücke wieder zusammenkneten, ausrollen und Kreise ausstechen. Mit einem Tuch abdecken und an einem warmen Ort eine Stunde gehen lassen.

Öl in einer Friteuse oder einem anderen geeigneten Topf, der tiefer als weit ist, auf 180° C erhitzen. Die Krapfen müssen im Fett frei schwimmen können. Ist das Fett heiß, die Krapfen hineingeben: Zuerst die mehlige Unterseite der Krapfen in das Fett legen. Etwa 3 Stück gleichzeitig backen, umdrehen und backen, bis sie auf beiden Seiten goldbraun und knusprig sind. Mit einem Schaumlöffel herausnehmen und auf Küchenpapier abtropfen lassen, dann in dem restlichen Zucker wenden. Sehr wichtig ist, daß die Temperatur ständig angepaßt wird, damit das Öl gleichbleibend heiß ist. Die Krapfen heiß servieren.

BOMBOLONI

BUDINO DI AVENA

HAFERFLAMMERI

Dieser sehr einfache, aber sättigende und wohlschmeckende Flammeri kommt aus der kalten nördlichen Region von Friaul. Er stammt eigentlich aus der slawischen Küche und eignet sich besonders für Kinder.

FÜR 6–8 PERSONEN

150 g grobes Hafermehl
1 Liter Milch, vielleicht auch etwas mehr
4 Eigelb
100 g Kristallzucker
2 Eßlöffel Grappa oder anderer Branntwein

Hafermehl auf ein Backblech geben und im Ofen (120° C, Gas: Stufe 1) 20 Minuten leicht rösten.

Milch in einem Topf zum Kochen bringen, Hafermehl einrühren, und unter ständigem Rühren bei geringer Hitze 10 Minuten köcheln lassen. Durch ein Sieb streichen oder mit einem Mixer pürieren, dabei eventuell einen Eßlöffel Milch zufügen, um eine dicke Creme daraus zu machen. In den ausgespülten Topf zurückgeben.

Die Eigelb schaumig schlagen, Zucker zufügen und weitere 5 Minuten schlagen. In den Topf geben und etwa 7 Minuten unter ständigem Rühren vorsichtig erwärmen, bis die Mischung eingedickt ist. Eine Puddingschüssel mit kaltem Wasser ausspülen (für Erwachsene kann man dazu auch Alkohol verwenden) und die Mischung einfüllen. Etwa 4 Stunden kühlen, stürzen und servieren.

GESMINUS

ORANGENBLÜTEN-MERINGE

Dies ist ein altes sardisches Rezept, das über Generationen weitergegeben wurde. Nachdem der Bäcker seine Brote gebacken hatte, wurden die Meringe kurz im Ofen angebacken und anschließend einige Stunden in der Sonne getrocknet. Früher wurden diese Meringe mit echtem Jasminöl gemacht, das es jetzt aber leider nicht mehr gibt. Heutzutage benutzt man statt dessen Orangenblütenwasser.

ERGIBT ETWA 50 STÜCK

300 g blanchierte und geschälte Mandeln
Öl zum Fetten
300 g Puderzucker, zweifach gesiebt
4 Eiweiß, Raumtemperatur
Saft einer Zitrone
1 Likörglas Orangenblütenwasser (etwa 50 ml)

Ein Backblech mit Backpapier auslegen und fetten. Die Mandeln im heißen Ofen etwa 3 Minuten lang goldgelb rösten und dann in Streifen schneiden.

Eiweiß steif schlagen, den Zucker einrieseln lassen und schlagen, bis ein leichter, trockener Eischnee entsteht. (Diese langwierige und ermüdende Arbeit kann man sich mit einem elektrischen Mixer sehr erleichtern!) Zuerst die Mandeln, dann den Zitronensaft und das Orangenblütenwasser unter die Eiweißmasse heben. Löffelweise die Mischung in kleinen Hügeln auf das Backblech geben. Mit geringer Hitze (100° C, Gas: niedrigste Stufe) 2–3 Stunden trocknen lassen. Auf einem Rost abkühlen lassen.

PERSICATA

PFIRSICH-SCHNITTEN

Diese herrliche Süßspeise aus Pfirsichen ist vermutlich persischen Ursprungs. Man kann auch Quitten oder Äpfel dafür verwenden.

FÜR 6–8 PERSONEN

1,5 kg reife Pfirsiche (vorzugsweise weiße)
750 g Kristallzucker oder Einmachzucker, außerdem Zucker zum Bestreuen

Pfirsiche 30 Sekunden in kochendem Wasser blanchieren, schälen und die Kerne entfernen. In Musselin geben und 12 Stunden abtropfen lassen. Danach nochmals wiegen – für 900 g Früchte benötigt man 750 g Zucker. Früchte und Zukker in einen Topf (nicht aus Aluminium) geben, unter ständigem Rühren zum Kochen bringen und so lange kochen lassen, bis die Masse zu gelieren beginnt – auf einem kleinen Teller ausprobieren. Der ganze Vorgang dauert insgesamt etwa 1½ Stunden.

Masse in eine flache Schale gießen und 1–2 cm dick verteilen. 7 Tage an einem warmen Ort trocknen lassen, dann auf eine Platte geben und mit Zucker bestreuen. Mit einem scharfen Messer Rechtecke schneiden und sofort verbrauchen.

TARALLI

SÜSSE SCHLEIFEN AUS KALABRIEN

Diese süßen Schleifen werden mit Honig gesüßt, eine Zutat, die für Kalabrien typisch ist. Je länger man den Teig gehen läßt, um so luftiger und größer werden sie! Sie schmecken ausgezeichnet zu Tee oder zu einem Dessertwein wie Moscato, man kann sie aber auch sehr gut mit Milchkaffee zum Frühstück servieren.

ERGIBT ETWA 14 STÜCK

450 g Mehl
10 g Hefe
2 Eier, verquirlt
2 Eßlöffel Olivenöl
75 g Honig

Mehl auf eine Arbeitsfläche häufen und in die Mitte eine Mulde drücken. Hefe mit 150 ml lauwarmen Wasser auflösen und in die Mulde gießen. Wie einen normalen Brotteig verarbeiten.

Teig an einem warmen Ort 1 Stunde gehen lassen, dann Eier, Öl und Honig zufügen und erneut kneten. Aus dem Teig 14 Schleifen formen, die wie eine 8 aussehen, und auf ein geöltes Backblech legen. Nicht zu eng zusammenlegen. Nochmals an einem warmen Ort etwa 4 Stunden gehen lassen.

Bei mittlerer Hitze (190° C, Gas: Stufe 3) 15 Minuten backen. Abkühlen lassen und lagern.

GELATO DI COCOMERO

WASSERMELONENEIS

Die Sizilianer sind wahre Meister in der Kunst der Eis- und Sorbetherstellung. Dieses Geschick, das sie sich im Lauf der Jahrhunderte angeeignet haben, hat seinen Ursprung in der Zeit, da ihr Land von den Arabern besetzt war. Die Originalversion dieses Desserts war eine gefrorene Cremespeise. Nach alter Tradition feiert man damit Maria Himmelfahrt Mitte August. Herrlich erfrischend während der heißen Sommermonate sind auch verschiedene andere köstliche Sorbets aus Jasminblüten, Zitronen und Orangen.

FÜR 6–8 PERSONEN

1 Wassermelone von etwa 4,5 kg Gewicht
700 g feinster Zucker
4 Eßlöffel Maisstärke, gesiebt
1 Teelöffel Vanillearoma
100 g Blockschokolade, gehackt
100 g kandierte Früchte, gehackt
55 g Pistazienkerne, gehackt
gemahlener Zimt, zum Garnieren

Die Wassermelone in Scheiben schneiden, das Fleisch entfernen und durch ein Sieb in einen Topf streichen. Den Zucker und das Mehl mit der Wassermelone vermischen, 5–6 Minuten unter ständigem Rühren köcheln lassen, bis es eingedickt ist. Vanillearoma zufügen.

Das Ganze in eine angefeuchtete Form geben und so lange gefrieren lassen, bis die Mischung so fest ist, daß sie die anderen Zutaten tragen kann. Die Eiskristalle durch Schlagen aufbrechen und gehackte Schokolade, kandierte Früchte und Pistazien daruntermischen. In 6–8 kleinen oder einer großen angefeuchteten Form gefrieren lassen. Vor dem Servieren stürzen und mit etwas Zimtpulver bestreuen.

CROSTATA DI MANDORLE

MANDELTORTE

Diese herrlich einfache gefüllte Mandeltorte schmeckt wirklich köstlich. Da sie angenehm fest und trocken ist, serviert man sie am besten mit einem Getränk. Sie ist ideal zum Frühstück oder zum Nachmittagstee.

Auch diese Leckerei aus Zucker und Mandeln stammt von den Arabern. Überhaupt lassen sich die italienischen Desserts in zwei Gruppen einteilen: in Süßspeisen, die nach heutigen Maßstäben sehr einfach sind, und in Süßspeisen, die sehr süß und von der orientalischen Küche geprägt sind.

FÜR 8–10 PERSONEN

450 g gemahlene Mandeln
225 g feinster Zucker
225 g Mehl
geriebene Schale einer halben Zitrone
3 Eiweiß
5 Eigelb
2 Eier
1 Prise Zimt
1 Prise gemahlene Nelken
Butter zum Fetten

Die Hälfte der gemahlenen Mandeln mit der Hälfte des Zuckers, der Zitronenschale und dem Mehl vermischen. Eiweiß dazugeben und zu einem ziemlich festen Teig verkneten. In einer zweiten Schüssel die restlichen Mandeln, Zucker und Gewürze vermischen. Eigelb und die beiden restlichen Eier verquirlen, zufügen und zu einer weichen, cremigen Masse verarbeiten.

Eine Tortenform mit 25 cm Durchmesser einfetten. Teig ausrollen und zwei gleich große Kreise zum Auslegen der Form vorbereiten. Eine Teigplatte auf den Boden der Form legen und mit der Füllung bedecken. Die zweite Teigplatte darüberlegen, die Ränder fest andrücken und bei mittlerer Hitze (180° C, Gas: Stufe 2) etwa 30–40 Minuten backen. Kalt servieren.

GNOCCHI DOLCI DI NATALE

SÜSSE WEIHNACHTS-GNOCCHI

Dies ist meine eigene Abwandlung des ältesten und traditionellsten umbrischen Weihnachtsgebäcks. Nudelteig wird in Rechtecke geschnitten. Diese werden gekocht, mit einer Walnußmischung bedeckt und kalt serviert. Kalte Nudelgerichte – besonders wenn sie süß und schokoladig sind – gehören zwar nicht gerade zu meinen Lieblingsspeisen, aber diese Walnußmischung schmeckt so gut und ist so einfach herzustellen, daß ich mich für diese Variante entschlossen habe. Servieren Sie die Gnocchi zusammen mit kühlem Santo als letzten Gang eines Weihnachtsessens.

FÜR 8–10 PERSONEN

50 g Walnüsse
150 g Kristallzucker
1 Eßlöffel Semmelbrösel
50 g bittere Blockschokolade, gerieben
geriebene Schale einer halben Zitrone
1 Likörglas süßer Likör
1 große Prise Zimt
etwa 4 Eßlöffel Milch, falls nötig
450 g Mehl
1 Ei
Öl zum Ausbacken
Puderzucker zum Bestäuben

Die Nüsse knacken, in heißem Wasser blanchieren und anschließend schälen. Zusammen mit Zucker, geriebenem Brot, Schokolade, Zitronenschale, Likör und Zimt in eine Küchenmaschine geben. Ist die Mischung sehr fest, noch etwas Milch zugeben.

Mehl, Eier und so viel warmes Wasser zugeben, daß ein geschmeidiger Teig entsteht. 15 Minuten lang sorgfältig kneten.

Es ist sehr wichtig, daß der Teig so dünn wie möglich ausgerollt wird, am besten geht dies mit einer Nudelmaschine. Teig in 4 cm große Quadrate schneiden und an den Rändern mit Wasser einpinseln. In die Mitte kleine Häufchen der Walnußmischung setzen, den Teig zusammenschlagen und fest aufeinanderdrücken. Öl in einer Friteuse auf 195° C erhitzen. 4 Gnocchi gleichzeitig in das Öl geben, mit einem Schaumlöffel wenden und backen, bis sie knusprig und goldbraun sind. Auf Küchenpapier abtropfen lassen und mit Puderzucker bestäuben. Heiß oder kalt servieren.

GNOCCHI DOLCI DI LATTE

SÜSSE MILCHGNOCCHI

Dies ist ein delikat duftender und köstlicher Nachtisch, der außerdem sehr sättigend ist! Er ist bei allen beliebt, aber wegen seiner weichen Konsistenz eignet er sich auch hervorragend für ältere Menschen, sich erholende Kranke und Kinder.

FÜR 4–6 PERSONEN

500 ml Milch
3 Eigelb
50 g Zucker
75 g Maisstärke
2 große Prisen Zimt
1 Prise Salz
2 Eßlöffel frisch gemahlener Parmesan
30 g Butter, zerlassen

Milch zum Kochen bringen. Eigelb zusammen mit etwa der Hälfte des Zuckers, der Maisstärke, einer Prise Zimt und Salz in einer emaillierten oder anderen feuerfesten Form (nicht aus Aluminium) verquirlen. Langsam Milch zugeben und vorsichtig vermischen. Über sehr kleiner Flamme zu einer weichen, dicken Creme rühren.

Wenn die Stärke vollständig eingedickt ist, die Creme 1 cm tief in eine feuerfeste Form gießen.

Parmesan, Zimt und restlichen Zucker darüberstreuen und mit der geschmolzenen Butter beträufeln. Bei mittlerer Hitze (180° C, Gas: Stufe 2) 10 Minuten backen. Aus dem Ofen nehmen, 10 Minuten ruhen lassen und dann in Würfel schneiden und servieren.

FENSTER IN ASSISSI *Die Fenster stehen nahezu das ganze Jahr über weit offen, so daß die Bewohner die frische Luft und den Duft der Blumen genießen können.*

REGISTER

Die Rezepte und Zutaten wurden grundsätzlich unter dem deutschen Namen aufgenommen. Illustrationen sind nicht verzeichnet.

DANKSAGUNGEN

Der Verlag dankt den folgenden Fotografen und Firmen für die freundliche Erlaubnis, in diesem Buch Fotos abzudrucken:

1 Pierre Hussenot/Agence Top; 2 Monica Fiore/Fiorepress; 3 John G Ross/Landscape Only; 7–8 Anthony Blake Photo Library; 22 John G Ross/Landscape Only; 24–25 Brian Harris/Impact Photos; 27 Guy Bouchet; 30 Anthony Blake Photo Library; 32 Riccardo Villarose/Explorer; 241 Anthony Blake Photo Library; 42–43 Gary Rogers; 44–45 P. Curto/Marka; 47 Jacqueline Guillot/Agence Top; 50 Christian Errath/Explorer; 55 Anthony Blake Photo Library; 57 John G Ross/Robert Harding Picture Library; 63 A Faulkner-Taylor/Robert Harding Picture Library; 64 Bullaty/Lomeo/The Image Bank; 66 Serge Chirol; 72–73 Fuirepress; 74–75 Zefa Picture Library; 76 Guy Bouchet; 84–85 Fiore/Explorer 86–87 Pierre Putelat/Agence Top; 90 Zefa Picture Library; 92–93 Will McBride/The Image Bank; 96 Zefa Picture Library; 103 Liba Taylor/Hutchison Library; 104 Guy Bouchet; 106–107 L Coccia/Marka; 108 Guy Bouchet; 109 John G Ross/Robert Harding Picture Library; 114 Alex Dufort/Impact Photos; 118–119 Marcella Pedone/The Image Bank; 125 Christine Tiberghien; 126–127 Marka; 128 Christine Fleurent/Agence Top; 129 Guy Bouchet; 133 Marka; 140 de Gex/Hutchison Library; 144 G Buntrock/Anthony Blake Photo Library; 146–147 Serge Chirol; 148 Donatello Brogioni/Grazia Neri; 150–151 Zefa Picture Library; 156 Zefa Picture Library.
Spezialfotografien von Linda Burgess: 18–19, 28–29, 35, 36–37, 48–49, 52–53, 58–59, 69, 78–79, 80–81, 88–89, 95, 98–99, 112–113, 117, 120–121, 130–131, 134, 136–137, 142–143, 152.

Wir bedanken uns auch bei:

The Criterion Tile Shop
196 Wandsworth Bridge Rd
London SW6 2UF

Fired Earth Tiles
37–41 Battersea High St
London SW11 3JF

Judy & Tony
293 Westbourne Grove
London W11

Lunn Antiques
86 New Kings Rd
London SW6

Richard Dare
93 Regents Park Rd
London NW1

Ann Lingard
Rope Walk Antiques
Rye
Sussex

Stitches & Daughters
Blackheath Village
London SE3

Tobias & The Angel
68 White Hart Lane
Barnes
London SW13

The Dining Room Shop
62/64 White Hart Lane
Barnes
London SW13

The Gallery of Antique
Costume & Textiles
22 Church St
London NW8

The Conran Shop
Fulham Rd
London SW3

J K Hill
Handmade Pottery
151 Fulham Rd
London SW3